서울대 MBA에서
가르치는 경영 이야기

리더십 마스터하기

서울대 MBA에서 가르치는 경영 이야기

리더십 마스터하기

엣지있게! 스마트하게!

초판 1쇄 발행 2025년 4월 25일
초판 2쇄 발행 2025년 10월 14일

지은이 최진남·성선영

펴낸곳 서울대학교출판문화원
주소 08826 서울 관악구 관악로 1
도서주문 02-889-4424, 02-880-7995
홈페이지 www.snupress.com
페이스북 @snupress1947
인스타그램 @snupress
이메일 snubook@snu.ac.kr
출판등록 제15-3호

ISBN 978-89-521-3932-0 04320
978-89-521-3933-7 (세트)

서울대 MBA에서
가르치는
경영 이야기

리더십 마스터하기

엣지있게! 스마트하게!

최진남·성선영 지음

서울대학교출판문화원

발간사

경영학은 기업에서 일하는 사람에게만 필요하다는 오해가 있습니다. 하지만 현대 사회에서 경영학은 모든 사람이 알아야 할 상식입니다. 경영학을 공부하면 자영업을 비롯한 사업에 도움이 되는 것은 물론, 자신이 속한 조직에서 일을 더 잘할 수 있는 자양분이 됩니다. 외부 환경의 기회와 위협, 자신의 강점과 약점을 분석해서 전략을 수립하고 그것을 효율적으로 실행할 수 있는 방법은 무엇인지 더 잘 판단할 수 있기 때문입니다.

경영학은 재산을 관리하는 데도 활용됩니다. 퇴직연금은 어떻게 관리해야 하는지, 월세와 전세 중에서 어떤 것이 더 좋은지, 빚을 내서 집을 사야 할지에 대한 판단을 내릴 때 도움을 줍니다. 주식 투자를 할 때도 물론입니다. 재무제표를 해석하고, 어떤 기업이 성장해 더 큰 수익을 낼 수 있는지를 분석하는 데 도움을 주기 때문입니다.

경영학은 우리가 의미 있는 삶을 사는 데도 도움이 됩니다. 우리가 이루고자 하는 사명을 추구하면서 동시에 건강을 챙기고 화목한 가정을 이루기 위해 우리가 가진 시간과 관심을 어디에 얼마만큼 투자할 것인지를 결정하는 데 도움을 줄 수 있습니다.

그런데 일반인이 경영학을 공부하기가 쉽지는 않습니다. 대학 교재로 나온 두꺼운 책들은 경영학 전공 학생들을 독자로 상정하고 만든 것이기 때문입니다. 이번 시리즈는 일반인이 경영학의 핵심 내용을 쉽게 파악할 수 있도록 하기 위해 기획했습니다. 고등학교를 졸업한 사람이라면 스스로 읽어 쉽게 이해할 수 있고, 짧은 시간에 핵심을 파악할 수 있도록 핵심 위주의 적은 분량으로 책을 만들었습니다.

이 시리즈를 출간하는 과정에서 많은 분들이 도움을 주셨습니다. 특히 교육과 연구로 매우 바쁘신 중에도 시리즈의 기획 취지에 공감하여 작업에 동참해 주신 여덟 분의 교수님께 진심으로 감사드립니다.

서울대학교출판문화원 대표이사 원장

이경묵

머리말

오늘날 유행하는 긱 이코노미, 나홀로 잘먹고 잘살기, 1인 사업. 그럼에도 불구하고 대부분의 사람들은 생계를 유지하기 위해, 백수백조는 되기 싫어서, 학교에 가듯 당연한 것이라서 등 각자 나름의 이유로 특정 조직에 속해 일을 한다. 일반 직장인들뿐 아니라 의사, 변호사, 검사, 판사, 교수 등 전문직에 종사하는 이들 역시 병원, 로펌, 검찰, 학교라는 조직의 구성원이다. 전문가라고 해서 상사가 없는 것이 아니다. 오히려 더 엄격한 직위 체계가 존재하기도 한다. 결국 조직은 사회라는 큰 테두리 안의 작은 사회이고, 내가 원하든 원치 않든 리더와 리더가 아닌 자들 간 관계가 형성된다.

경제성장 둔화가 소득감소로 이어지면서 가정 생계가 위협받는 오늘날 대중의 관심사는 현명한 재테크, 돈 버는 투자, 부자되기 등 자산의 증식에 쏠린다. 그러나 인간의 삶에서 누구나 겪어야 하는 과정은 바로 '사회인 되기'이다. 사람들은 인생에서 성인기 전, 그리고 성인기 초기·중기·후기라는 네 단계를 거치면서, 다른 이들과의 상호관계 속에서 학습하고 성장하며, 주변인들과 영향을 주고 받으며 살아간다. 이 중 가정에서의 부모, 학교에서의 선생님, 사회에서의 선배 및 상사들과 같이 삶에 직접적으로 영향력을 미치는 사람들은 한 사람의 인생의 방향과 삶의 질을 결정짓는 데 큰 역할을 한다. 영역만 다를 뿐 그 본질과 원리는 동일하다. 그럼에도 자신이 얼마나 큰 영향을 미치고 있는지를 고민하는 사람들이 생각보다 많지 않은 것이 현실이다.

우리는 20~30대부터 사회에서 대부분의 시간을 보낸다. 저 아득하게 위에 있는 대표이사, 전무, 상무, 본부장이 내 일상 생활에 직접적으로 영향을 주는 일은 현실적으로 거의 없다. 우리가 보통 말하는 리더leader는 내 가까이에서 내 업무와 일상에 직접적인 영향을 미치며, 나의 시간과 일상을 괴로움과 고통의 늪으로 또는 자기개발과 성장이라는 긍정적 발전 과정으로도 만들 수 있는 지대한 영향력을 가지는 선배 및 직속상사들이다. 이 책에서 다루는 리더십은 그들을 대상으로 이야기를 전개하고자 한다. 이 책을 통해 리더들이 리더로서의 역할과 무게, 그리고 그 무엇보다 자신이 구성원들의 삶에 미치는 영향력에 대해 깊이 고민하고, 자신을 되돌아보며, 좋은 리더로 성장하는 기회가 되기를 바라는 간절한 마음을 담아 이 책을 쓴다.

최진남, 성선영

차례

프롤로그

리더십은 왜 챌린징할까?

개념적 챌린지

리더십의 정의: 리더leader라는 용어 자체만 생각하면 리더의 개념은 간단하다. 팔로워follower가 있는 사람, 직위가 높은 사람, 관계에서 우위에 있는 사람이다.

경영학의 아버지 피터 드러커Peter Drucker는 리더를 "팔로워를 가진 사람"이라고 간단하고 포괄적으로 정의했다. 그러나 리더십leadership이 과연 무엇인가라는 문제로 들어가면 상황은 복잡해진다. 경영학계에서도 리더십에 대한 정의는 학자마다 다르다.

> "리더십은 자신을 알고, 실능력 있는 비전을 가지고, 동료들 사이에서 신뢰를 쌓아, 리더로서의 잠재력을 실현하기 위한 효과적인 행동을 하는 기능이다."
>
> _워런 베니스Warren Bennis

> "리더십은 주어진 상황에서 목표 달성을 위해 개인이나 집단의 활동에 영향을 미치는 과정이다."
>
> _허시 & 블랜차드Hersey & Blanchard
>
> "리더십이란 기존의 문화에서 벗어나 새로운 환경에 적응하기 위한 진화적 변화 과정을 시작할 수 있는 능력이다."
>
> _에드거 샤인Edgar Schein

학계에서의 정의만큼이나 경영을 실천하는 조직현장에서도 리더십에 대한 관점은 다양하다.

> "리더십은 비전을 설정하고, 공유하고, 성공을 위한 환경을 조성하고, 장애물을 제거하여 결과를 이끌어 내는 능력이다."
>
> _오티스Otis CEO, 주디 막스Judy Marks
>
> "리더십은 사람들로 하여금 자신이 가지 않을 곳으로 기꺼이 가게 만드는 것이다."
>
> _올스테이트Allstate CEO, 톰 윌슨Tom Wilson
>
> "리더십에 대한 가장 기본적인 정의는 목적지를 설정하고, 목적지에 도달하기 위한 전략을 세우고, 이를 실현하기 위한 자원을 배치하고 공급하는 데에 있다."
>
> _전 오라클Oracle CEO, 마크 허드Mark Hurd

학계와 현장에서 다양한 견해가 있다 보니 리더십에 대한 정의는 그 개념을 정의하겠다고 시도한 사람들의 수만큼이나 많다. 리더십이라고 써놓고 읽는 사람이 알아서 해석하는 동상이몽이 벌어진다.

이 책에서는 리더십을 **"조직성과 창출을 위한 사회적 영향력의 행사"**로 정의하고 이야기를 전개하고자 한다. **조직성과**는 매출지표, 재무적 수익, 혁신 성과뿐 아니라 조직 내·외부 고객들의 만족, 성장, 웰빙, 그리고 조직의 지속sustainability과 친환경 경영·사회적 책임·투명한 지배구조Environmental(환경)·Social(사회)·Governance(지배구조), ESG 등 조직이 바람직하다고 생각하는 다양한 성과를 포괄한다. **사회적 영향력**은 리더가 팔로워, 관련 부서, 다른 조직, 그리고 사회 전체에 걸쳐 태도, 가치관, 규범, 행동 등 다양한 측면을 변화시키는 과정을 가리킨다.

이론적 챌린지

리더십 이론: 누구나 인정받는 좋은 리더가 되고 싶어 한다. 나쁜 리더가 되고 싶은 사람은 없다. 이 책의 독자들이라면 '나도 좋은 리더가 되고 싶다'는 마음에서 책을 펼쳤을 것이다. 문제는 좋은 리더가 무엇인지 또한 한마디로 정의하기가 쉽지 않다는 것이다. 무수한 리더십의 정의와 개념 이상으로 **'좋은, 바람직한, 성공적인, 효과적인, 이상적인 리더'**에 대한 이론들은 많다. 조직경영, 조직행동학을 수십 년 가르치면서 느낀 점은 리더십만큼 이론이 많은 주제도 없다는 것이

주요 지향점	리더십 이론
동기부여	임파워먼트 리더십, 참여적 리더십
성과추구	과업지향 리더십, 지시적 리더십, 거래적 리더십
구성원 성장	코칭 리더십, 슈퍼 리더십, 공유 리더십
목표공유	비전 리더십, 카리스마 리더십
구성원 존중	인간지향 리더십, 지지적 리더십, 봉사 리더십, 겸양 리더십, 소통형 리더십
혁신추구	창의적 리더십, 변혁적 리더십, 양손잡이 리더십, 적응적 리더십
윤리/정신	윤리적 리더십, 정신적 리더십, 진정성 리더십

다. 언뜻 생각나는 이론들만 추려 보아도 스무 가지가 넘는다.

이런 수많은 리더십 이론에 더해 경영현장에서는 실무적 시사점을 갖는 성공적 리더십에 대한 처방들이 무수히 쏟아져 나온다. 마치 위인전 같은 세종대왕 리더십·이순신 리더십, 삼국지에서 유래한 유비·조조·제갈량 리더십, 한국 대표 기업을 만든 정주영 리더십·이건희 리더십, 월드컵 신화 히딩크 리더십, 야구감독 김성근 리더십 등등. 좀 유명하다 싶으면 정치인, 기업가, 스포츠인을 가리지 않고 리더십에 가져다 붙인다. 이외에도 나폴레옹, 잭 웰치, 스티브 잡스, 일론 머스크, 마츠시타 고노스케 등 리더십 브랜드가 차고 넘친다. 삼성, 토요타, HP, 구글, 넷플릭스와 같은 기업들도 리더십을 형상화하고 이들을 롤모델로 삼아 리더십 따라하기에 바쁘다.

상황이 이렇다 보니 학계에서 제시하는 엄청나게 많은 이론적 리더십, 그리고 조직현장에서 나오는 현실적 리더십 처방을 모두 반영하는 이상적인 리더는 말 그대로 '**현실에 없는 슈퍼 히어로**super hero'가 되어 버린다. 그러다 보니 정답은 어차피 없다는 회의주의에 빠지게 되고, '리.더.십'이라는 유명무실한 세 글자만 덩그러니 남게 된다.

이 책에서는 전지전능 슈퍼 히어로가 아닌 현대사회의 리더가 흔히 맞닥뜨리는 대표적인 **챌린지**들과 각 상황에서 어떻게 해결해야 하는지에 대한 **행동전략**에 대해 이야기하고자 한다.

현실적 챌린지

리더십의 실천: 리더십이 도전적 과제가 되는 또 다른 이유는 조직현장의 상황들이 생각보다 만만치 않아 어떤 의미에서든 '**좋은 리더**'가 되기가 현실적으로 쉽지 않다는 점이다. 과거의 리더들은 그나마 쉬웠다. 입사하고 자리만 잘 지키면 직급이 오르면서 부하직원들이 생겼다. 시키는 대로 자질구레한 잡무를 하는 신세에서 탈출해 업무를 지시하는 지위에 오르면 리더십이라는 것을 발휘할 필요도 없이 일을 그냥 시키기만 하면 되었다. 명확히 말하자면 리더가 아닌 '**상사**boss/**관리자**manager'가 되는 구조였다.

과거에는 자신에게 주어진 직책에 따라 명령하고 지시하는 관리자 역할로 충분했지만, 현대사회는 관리자 역할뿐 아니라 리더로서

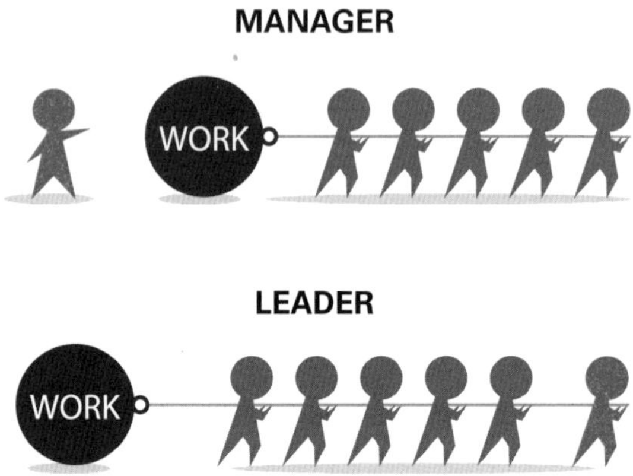

- 관리자: 직급으로부터 부여된 권위를 이용해 조직 구성원들이 규칙을 따르게 하는 자
- 리더: 조직의 목표 달성을 위해 비전을 제시하고 맨 앞에서 팀원들을 이끌어가는 자

의 역할, 즉, '리더십'을 요구한다.

> ▸ 관리management가 세부적인 업무 계획을 전달하고 매일매일의 일상적인 업무를 감독함으로써 효율적 조직 운영을 수행하는 것이라면,
> ▸ 리더십leadership은 장기적 비전을 제시하고, 조직과 조직 구성원들의 성장과 개발을 이끌어 가는 것을 말한다.

과거 과학적 경영과 관료제적 조직 운영이 지배하던 시절에는 조직의 효율적 운영을 위한 관리 활동이 중요했다. 그러나 오늘날 치열한 경쟁과 급격한 환경변화에 대응해야 하는 조직들에는 기본적 관리 활동은 물론 장기적 비전 제시와 성장, 이들 간 상호보완을 통

한 시너지 창출이 요구되고, **조직 구성원들**의 탄탄한 **구심점**이 되어 줄 리더십의 중요성이 더욱 부각되고 있다.

직장인들의 출퇴근 시간이 9시에서 6시까지라면, 점심시간을 포함해 하루에 직장에서 보내는 시간은 대략 10시간, 한 달이면 220시간, 1년이면 2,640시간, 10년이면 2만 6천 시간이다. 사람들은 깨어 있는 시간의 대부분을 직장에서 보낸다.

보스턴 컨설팅 그룹에서 직장인들의 업무 및 직장 몰입도와 만족도에 영향을 주는 요소를 조사한 바 있다. 가장 큰 상관관계를 가진 것으로 나타난 요인은 **직속상사**(78%). 직장인에게 '회사'라 함은 선배, 직속상사, 팀장과 동의어라 할 수 있다. 매일 붙어 있는 선배와 직속상사가 좋은 사람이라면 자신을 개발하고 성장시키는 데 몰입할 수 있다. 그러나 얼굴 보는 것 자체가 스트레스라면 사는 게 생지옥이 된다. 사람들은 그 생지옥에서 도망가고 싶어 하고, 어떻게든 그 상황을 피하려 할 것이며, 결국 조직 이탈이라는 선택을 하게 된다. **조직 구성원들을 낭떠러지로 떠미는 리더**가 되는 것이다.

리더는 조직 구성원들의 성장과 삶에 지대한 영향을 끼치는 사람이 바로 자신이라는 것, 누군가의 '회사'로서 자신의 자리가 얼마나 무거운 자리인지 인식해야 한다.

"리더에게는 리더만이 감당해야 하는 무게가 있다."

리더의 역할을 하면서 구성원들의 사기를 챙기고 성과에 대한 책임도 져야 하는 현실적 어려움은 리더를 힘들고 지치게 한다. 그러나 오늘날 조직에서 리더십의 중요성을 고려하면 도망만 다닐 수도 없는 노릇이다. 리더가 처하게 되는 현실적 문제, 도전과제들을 파악하고 이에 대한 대응 방안을 모색하는 것이 현명하다.

2023년 응용심리학 저널에 발표된 논문에서는 빠르게 변화하고 있는 비즈니스 상황에서 다음 사항들을 오늘날의 리더들이 당면한 챌린지로 제시한다.

- 리더에 대한 새로운 요구
- 다양성과 포용Diversity and Inclusion, D&I 실천
- 리더로서의 윤리성 확보
- 창의성과 혁신을 위한 리더십 발휘

새로운 환경에서의 다양성, 윤리성, 혁신이라는 비즈니스의 최근 화두들이 리더들에게도 그대로 적용되는 것을 확인할 수 있다.

한국 조직에서 리더가 해결해야 할 챌린지에 어떤 것들이 있는지 ChatGPT에게 물어보았다.

- 전통적 계층구조와 현대적 경영관행 간의 새로운 균형 탐색
- 디지털 전환 및 기술 변화에 대한 적응
- 높은 직장 스트레스 및 정신건강 문제 해결
- 변화에 대한 저항·위험회피 성향 극복
- 성별 다양성 및 포용성 증진
- 세대 간 차이 관리

- 글로벌 역량 강화 및 다문화팀 관리
- 규정 준수 및 혁신의 균형
- 급격한 경제 및 시장 변화에 대응
- 기업의 사회적 책임CSR 및 윤리기준 유지

ChatGPT 역시 변화하는 환경에 대한 적응, 혁신 추구, 세대/성별/글로벌 측면에서의 다양성 관리, 윤리성, 구성원 웰빙 등 인터넷에 존재하는 자료에 근거하여 가장 자주, 평균적으로, 그리고 전형적으로 나타나는 리더십의 도전과제들을 제시했다.

오늘날의 조직에서 좋은 리더가 되는 것이 점점 더 어려워지고 있다. 조직 환경은 훨씬 복잡해지고, 그에 따라 리더에게 요구하는 것도 많다. 우리는 지금 **기본을 지키는 것만으로는 좋은 리더로 인정받기 힘든 세상**을 살아가고 있다.

이 책에서는 현대사회가 요구하는 리더의 모습, 현대를 살아가는 리더가 맞닥뜨리는 도전들, 그리고 이에 어떻게 대처할 것인지에 대해 이야기를 전개하고자 한다. 전 세계가 주목하는 리더십 이슈, 그리고 최근 수년간 한국의 경영자들과 만나면서 접하게 된, 오늘날 한국 기업 현장에서 리더들이 고민하는 주요 이슈들을 종합적으로 고려해 선정한 일곱 가지 리더십에 대해 이야기하고자 한다.

1 신뢰라는 이름의 리더십

리더십의 주춧돌인 신뢰 구축

리더가 리더로 인정받지 못하는 현대사회에서

진정한 리더가 되기 위한 **첫 번째 전략**은 **신뢰 구축**이다.

Trust Building Leadership

리더의 올바른 역할과 영향력은 리더에 대한 신뢰leader trust에서 시작된다. 조직 구성원들에게 신뢰받지 못하는 리더는 그 어떤 리더십도 발휘할 수 없을 뿐더러 먹히지도 않는다. 신뢰의 부재는 외면으로 이어지고, **외면당하는 리더에게는 리더십 발휘라는 기회조차 주어지지 않는다.**

따라서 리더가 현장에서 부딪히는 챌린지들과 그에 대한 대응 방안을 고려하기 전 리더십의 전제 조건인 신뢰에 대한 진지한 고민이 필요하다.

신뢰의 부재는 영국의 철학자 토머스 홉스가 그의 저서 『리바이어던Leviathan』에서 말한 '만인의 만인에 대한 투쟁The war of all against all'을 초래한다. 사회적 호의와 이타적 행동은 고사하고 깐깐한 계산에 의한 경제적 교환마저도 녹록지 않다. 언제 어디서 누군가에게 뒤통수를 맞을지 모르는 긴장된 원시생활을 하게 된다.

경영학에서는 **신뢰자본**trust capital이라는 용어를 사용한다. 신뢰는 인간 사회와 조직에 기여하는 중요한 자원으로 경제활동에서의 거래 비용을 감소시키고, 사회적 협업을 강화한다. 신뢰자본은 경제 효율성과 공정성에도 긍정적 영향을 미칠 뿐 아니라 사회적 비용을 감소시켜 경제성장과 국가 발전에도 공헌하는 주요한 **사회자본**social capital의 핵심 요소다. 무엇보다 긍정적 리더십의 전제조건이 된다.

미국 유에스 뉴스 앤 월드 리포트US News & World Report가 2023년 직장인 4,000여 명을 대상으로 실시한 설문조사에 따르면 다음 다섯 가지 항목이 가장 중요한 리더의 특성으로 집계되었다.

- 믿음직스러움trustworthy
- 정직성honest
- 근면성hardworking
- 윤리성ethical
- 충실성loyal

리더에게 기대하는 항목들이 모두 신뢰 차원의 요소들임을 알 수 있다.

신뢰는 보이지 않는 실처럼 조직 내부에서 얽히고설켜 구성원들 간 효과적인 연결과 소통, 그리고 협업을 이끌어 낸다. 구성원들에게 **신뢰받지 못하는 리더**는 끊임없는 **감시, 강요, 협박과 공포** 등을 기반으로 한 부정적 형태의 통제를 통해 구성원들이 가진 최소한의 능력과 노력을 쥐어짜 낸다. 반면 **신뢰받는 리더**는 구성원들의 **자발적이고 적극적인 참여와 행동**을 유발해 그들이 가진 최대한의 능력과 노력을 이끌어 낸다.

리더십을 "성과창출을 위한 사회적 영향력"이라고 정의할 때, 신뢰는 효과적인 리더십의 핵심이다. 리더십과 파워power에 관한 연구결과들을 보면 처벌, 강요, 압박에 의한 외적 통제보다 의미, 비전, 책임감, 연대감으로 이끌어 낸 자발적 참여가 조직 구성원들의 만족과 성과를 높인다는 사실을 확인할 수 있다.

특히 리더에 대한 조직 구성원들의 신뢰는 조직 전체의 분위기와 구성원들의 사기, 궁극적으로 조직성과에 결정적인 영향을 미친다. 스탠퍼드대학교 경영대학 로버트 서튼Robert Sutton 교수는 그의 저서 『노라이 제로 조직The no asshole rule』을 통해 리더들에 대한 신뢰가

더 보기

신뢰를 갉아먹는 '또라이'들

조직 구성원들의 기를 쪽쪽 빨아먹는 '에너지 뱀파이어'

'또라이'는 덜떨어진 데다가 권위적이며 주변 사람들에게 피해를 주는 자를 일컫는다. 그들의 가장 큰 문제는 자신이 민폐의 원천인지 스스로 전혀 인식을 못한다는 데에 있다.

이들 대부분(50~80%)은 상사이며, 공개적 인신공격, 모욕, 위협, 무시 등 가지각색의 무례한 행동으로 조직 분위기를 흐린다. 이들과 직·간접적으로 엮인 사람들은 '기 빨림'에 진지리가 나 조직을 떠난다.

또라이 비용the cost of assholes은 어마무시하여 조직의 건강과 생산성에 치명적인 약점으로 작용한다. 더 슬픈 현실은 '또라이 총량불변의 법칙'으로, 어느 조직에나 일정 수의 또라이가 있다는 것이다. 주변에 또라이가 없다면 본인이 또라이가 아닌지 심각하게 고려해 볼 필요가 있다.

부재할 때 조직에 어떤 비극이 발생하는지 리얼하게 보여 준다.

리더로서 오늘날 조직에서 마주하는 다양한 챌린지에 효과적으로 대응하기 위해서는 신뢰 확보가 선행되어야 한다. 신뢰 없는 지시는 어떤 형태가 되든 약발이 먹히지 않는다. 다행스러운 것은 신뢰가 노력을 통해 만들고, 키우고, 유지, 개선, 강화가 가능한 개인 자산이라는 것이다.

그러나 신뢰라는 것이 구축하기 위해서는 아주 오랜 시간 노력해야 하는 반면, 깨지는 것은 한 순간이라는 것이다. 일단 잃은 신뢰는 되찾기가 매우 어렵다. 이런 취약점을 고려할 때 신뢰는 상당히 조심스럽게 유지하고 관리해야 하는 민감한 자산이기도 하다.

여론조사 기관 갤럽은 2011년부터 리더와 관리자에 대한 조직 구성원들의 신뢰 수준을 조사해 왔는데, 현재까지 가장 높은 신뢰도는 24%에 불과하다. 2022년 6월 코로나 이후 대퇴사 시기에 20%로 감소하다가 2023년 8월 23%로 집계되었으나 구성원들의 리더에 대한 신뢰도는 여전히 낮게 나타난다.

리더가 어떻게 신뢰를 구축할지에 대해서 다양한 논의가 있어 왔지만, 주요 요건들은 비슷하다. 리더로서 그 자리와 무게에 맞는 업무성과를 낼 수 있는 역량competence, 성숙한 인간으로서의 인성character, 자원을 통제할 수 있는 권한authority. 또는 3C라고 하여 리더의 능력competence, 인성character, 배려care가 거론되기도 한다.

"나만 믿어!" 한마디로는 신뢰를 구축할 수 없다. 현실이 받쳐 주지 않는 허언은 오히려 신뢰구축에 역효과를 낸다.

이 책에서는 '리더에 대한 신뢰형성의 조건'으로 조직행동학에서 일반적으로 제시되는 **능력**ability, **진실성**integrity, 그리고 **자애로움**benevolence이라는 세 가지 요소를 기준으로 리더의 신뢰형성에 대하여 이야기하고자 한다.

능력

능력ability이라고 하면 사람들이 오해하는 부분이 있다. 먼저 입사를 하고, 더 많은 경험을 쌓고, 더 많은 업무를 수행해 조직에서 평가 질차를 거쳐 승진했으니 능력을 인정받은 것 아니냐고 생각할 수 있다. 일부는 맞고, 일부는 틀리다.

회사에서 팀장과 같은 리더 직위로 승진하는 것, 그리고 구성원들로부터 신뢰받는 리더의 능력을 가지는 것에는 큰 차이가 있다. 신뢰받는 리더의 역량은 단순한 직위가 아닌 훨씬 더 많은 것을 내포한다.

> "구성원들은 단지 나보다 직급이 높다고 리더의 능력을 자동으로 인정하지 않는다."

여기서 문제가 되는 것은 팀장이든 임원이든 리더의 직책을 맡는 순간 자신에게 충분한 능력이 있고 권한이 저절로 부여된다는 착각에 빠져 구성원들 보기에 꼴사나운 짓을 하기도 한다는 것이다. 앞에서는 팀장님이라 불러 주지만 뒤에서는 '꼴값 떤다'는 소리를 한다.

구성원들의 리더의 능력에 대한 평가는

- 리더가 생각하는 것 보다 훨씬 더 현실적이며,
- 더 많은 것을 기대하고,
- 무서울 정도로 냉철하다.

관련 연구 결과들에 의하면

- 리더가 설득력 있는 방향·목표·비전을 설정하고,
- 이를 달성할 수 있는 실질적 자원을 획득하여
- 구체적이고 실현가능한 전략 방안을 통해
- **가시적 성과**라는 결과로 이어질 때에만 구성원들에게 능력을 인정 받는다.

리더가 팀과 팀원들의 믿을만한 든든한 버팀목이 되어 주는 것은 리더가 가져야 할 가장 중요하고 기본적인 자질이다.

조직에서 협잡이나 정치질을 하는 뒷배가 아니라 능력을 바탕으로 정당하고, 투명하게, 구성원이 도움의 손길을 내밀 때 손을 잡아 이끌어 줄 수 있어야 신뢰를 받는다.

리더는 어떠한 상황에도 대처할 수 있는 전문지식, 기술, 능력, 통찰력 및 풍부한 경험을 가지고 있어야 한다. 항상 문제의 해결 방안을 가지고 있는, 그리고 실제로 문제를 해결할 능력이 있는 리더여야 한다는 것이다. 무능한 리더는 무능하고 불만족스러운 구성원을

리더의 능력 체크 리스트

다음 몇 가지 질문에 자신 있게 확신을 가지고 "그렇다"고 대답할 수 있는지 점검해 보자. 질문을 보고 "아마 그럴 걸!"이라는 생각이 든다면, ○가 아니라 ×로 체크해야 한다.

- 내 성과는 투명하게 공시되어 모든 구성원들이 열람할 수 있다.
- 구성원들은 내 성과를 탁월하다고 평가하고 인정해 준다.
- 구성원들은 나를 본받고 싶어 하고, 따라하고 싶어 하며, 같은 길을 가기를 강하게 원한다.
- 구성원들은 나를 자기 인생의 롤 모델role model로 여긴다.
- 구성원들은 업무상 어려움에 처했을 때 나를 찾아와 조언을 구한다.
- 구성원들은 자신의 경력을 개발하는 문제에 대해 나와 이야기를 하고 싶어 한다.
- 구성원들은 내가 주도하는 프로젝트에 참여하고 싶어 한다.
- 구성원들은 업무상 오류나 문제가 발생했을 때 내가 해결해 줄 수 있다고 굳게 믿는다.

만들고 그 어떤 신뢰도 받지 못한다. 그저 **'못난 상사'**로 끝날 뿐이다.

신뢰에서 리더의 능력이 가장 중요한 이유는 리더와 팔로워의 관계도 일종의 사회적 교환관계social exchange relationship이기 때문이다. 관계를 맺는 사람들은 각자의 위치에서 상대방에게 유용한 무언가를 제공함으로써 **자신의 가치를 입증**해야 한다.

리더십의 주요 이론 중 하나인 **리더-멤버 교환 이론**leader-member exchange(LMX) theory은 신뢰와 친밀감을 바탕으로 상호 적극적으로 협조

하는 **내집단**in-group**의 형성**은 리더와 구성원 간 각기 유용한 자원을 제공함으로써 **가치 있는 상호교환 관계가 이루어져야만 가능**하다는 전제 조건을 강조한다.

관계의 질이 상호 이익에 의해 결정된다는 점이 비인간적인 불편한 진실로 느껴질 수 있지만, 실은 그 무엇보다 인간적이다. 인간은 자신에게 도움이 되는 사람을 따른다. 마음속에서 우러나 진정으로 따르고 싶은, 그리고 실제 따르게 되는 리더는 **내 인생에 도움이 되는, 내게 이익을 주는 리더**이다.

더 보기

이익과 실리를 추구하는 인간의 본성

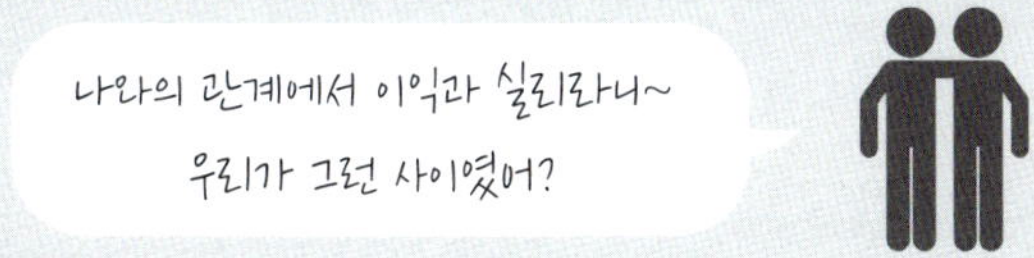

그런 사이 맞다.

인간 관계에서 '이익'과 '실리'라고 하면 속물로 느껴지거나 서운한 마음이 들 수도 있지만, 내 인생에 도움이 안 되는 관계라면 손절하고 싶은 것, 그것이 바로 인간의 본능이다. 인생에 도움이 되는 사람과 인생을 피곤하게 하는 사람 중 누구를 선택할지 답은 정해져 있다. 내 마음도 이런데 다른 사람은 내게 안 그러길 바라는 것은 과한 욕심이다.

중국 춘추전국시대 부국강병의 논리를 정립한 한비자는 말했다.

"이익에 따라 움직이며 실리를 따지는 것이 인간의 본성이며 군주를 사랑하는 신하는 없다. 인간은 자신의 이익을 버리면서까지 헌신하지 않는다."

경영학의 **주인과 대리인 이론**principal-agent theory에서 주장하는 바도 같은 논리이다.

"주인이 모든 일을 직접 할 수 없기 때문에 대신 일을 해줄 대리인을 고용하는데 이들 사이에는 수많은 모순과 충돌이 발생한다. 그리고, 그 모순과 충돌의 원인은 바로 각자 자신의 이익을 먼저 추구하는 데에서 발생한다."

진실성

조직 구성원들은 경험을 통해 리더가 진실한 사람인지, 그래서 신뢰할 수 있는 사람인지 판단한다.

진실성integrity은

- 자신이 내뱉은 말과 행동에 책임을 지는 것,
- 신념과 원칙에 이율배반적인 행동을 하지 않는 것,
- 일관성을 유지하는 것을 말한다.

따라서 **언행 간 일치**walk the talk가 중요하다.

약속의 이행, 그리고 **말과 행동의 일관성**은 리더의 무게를 완성시키는 큰 힘이다. 아무리 능력이 있어도 책임감 결여에 갈팡질팡하는 리더는 신뢰를 얻을 수 없다.

약속해 놓고 지키지 않는 리더, 어제는 A라고 했다가 오늘은 B라고 하는 리더, 이번 승진 문제 없다고 큰소리 뻥뻥 쳐 대더니, 이번에 그냥 그렇게 됐다면서 얼렁뚱땅 구렁이 담 넘어가듯 은근슬쩍 넘어가는 리더, 과거에는 맞고, 지금은 틀리다고 배 째는 **리더에게서는 경박함이 느껴진다.**

리더가 일주일 후라고 하면 일주일 후여야 한다. 프로젝트를 진행하겠다고 하면 반드시 진행해야 한다. 물론 직장 생활을 하다 보면 일이 틀어지거나 엎어지는 경우도 생긴다. 리더가 추진했지만 경영

리더의 진실성 체크 리스트

다음 문항들을 통해 리더로서 자신의 진실성을 테스트해 보자. 솔직하게 자신을 평가하기를 강력하게 권한다. 지금 진실하지 않은 것으로 나와도 괜찮다. 자신의 현재 상태에 대해서 깨닫는 바가 있다면 그것이 바로 신뢰받는 리더가 되는 첫걸음이 될 것이다.

- 나는 직원들에게 한 약속을 꼭 지킨다.
- 나는 한 번 손댄 일은 끝까지 책임을 진다.
- 나는 이랬다저랬다 말을 바꾸지 않는다.
- 나는 공석이든 사적이든 아무리 어려운 일이 생겨도 내가 하겠다고 약속한 일은 끝까지 완수한다.
- 노안 때문에 눈이 침침해서 잘 안 보여도 밤을 새워서라도 맡은 일은 끝낸다.
- 나는 내가 한 말에 대해 정말 지킬 수 없는 상황이 오면 구성원들에게 상황을 공유하고 차선책을 함께 강구하며 책임을 다하고자 끝까지 노력한다.

진이 프로젝트의 방향을 바꾸거나 전략 실행의 중심을 변경할 수도 있다. 이런 경우 윗선에서 어떤 이유로 방향을 바꾸었는지, 프로젝트가 적절하지 않다고 판단 내린 이유는 무엇인지를 팀원들에게 자세히 설명하고 납득시키며 새로운 방향을 제시해 주어야 한다.

진실성의 부재는 신뢰의 부재로 이어진다. 신뢰를 구축함에 있어 능력 못지 않게, 어쩌면 더 중요하게 작용하는 요소가 바로 진실성이다.

자애로움

리더의 신뢰 구축을 위한 마지막 조건은 자애로움이다. 최근 자애 리더십benevolent leadership에 대한 학계의 관심이 높아지고 있다. 자애로움benevolence은 수치화가 어려운 개념이어서 한마디로 규정하기 쉽지 않지만 일반적 개념은 다음과 같다.

- 타인에 대한 선의, 배려, 관용, 인정, 이해.
- 타인에 대한 관심과 도움, 자비로운 마음.
- 타인에 대한 따뜻하고 친절한 태도.

자애로움의 핵심은 **선의, 배려, 관용, 도움, 따뜻함**이다. 조직 구성원들의 롤 모델이 되기에 충분한 능력과 언행일치의 진실성이 리더에 대한 신뢰의 기본 조건임은 더 강조할 필요가 없다. 문제는 능력과 진실성은 있으나 너무나 냉담하고 원리원칙만 따져 근처에 가는 것조차 불편하다면 신뢰는 형성되지 않는다. **자애로움을 통해서 얻을 수 있는 것은 사람의 마음이고, 그 마음을 가져야 진정한 신뢰가 형성**된다.

'난 원래 그닥(표준어: 그다지) 자애롭고 따뜻한 사람이 아니다. 규정 잘 지키고 일만 잘하면 됐지 어떻게 자애로운 사람까지 되란 말인가?' 이런 생각이 든다면 다음과 같이 인지적 전환을 할 필요가 있다. 전문지식과 노련한 업무 경험만이 능력이 아니다. **자애로움도 리더에게 반드시 필요한, 배양해야만 하는 능력**이다.

리더의 자애로움 체크 리스트

다음 몇 가지 질문에 자신 있게 확신을 갖고 "그렇다"고 대답할 수 있는지 생각해 보자. 절대 자신을 속이지 말자.

- 구성원이 평소와 다른 표정과 태도를 보이면 어디 불편한 곳은 없는지, 아픈 곳은 없는지, 무슨 일이 있는 것은 아닌지 물어본다.
- 구성원이 업무를 하면서 인상을 찡그리면 어려움은 없는지, 도와줄 것은 없는지 물어본다.
- 구성원이 힘든 사정을 얘기하면 도와줄 방법을 생각한다.
- 구성원의 성장과 미래를 위해 어느 정도의 성과가 필요하고 어떤 역량을 강화해야 할지 구체적으로 조언해 주며 진심으로 함께 고민한다.
- 인생의 선배로서 구성원이 현재 힘들어하고 있다는 것, 힘든 시간을 보내고 있다는 것에 공감하고 격려해 준다.
- 과거 자신이 겪은 불합리와 부조리를 대물림하지 않겠다고 생각한다.
- 눈인사를 자주 하며 따뜻하고 배려 있는 시선을 건넨다.
- 구성원이 인사하기 전에 내가 먼저 반갑게 인사한다.
- 구성원에게 "고맙다", "미안하다"라는 말을 자주 한다.
- 어떤 것을 좋아하는지, 구성원이 못 먹는 음식이 있는지를 파악하고 있다.
- 평소에 음료, 간식 등을 책상 위에 살짝 놓아 준다.

자애로움은 선천적인 면도 분명히 있지만, 인지적 능력처럼 후천적으로 발전시킬 수 있는 자질이다. 그간 한국의 교육이 인지적 발달과 지적 능력에 몰두한 탓에 타인에 대한 배려, 공감, 이해에 대한 학습이 부족했을 것이다. 그러나 리더십에서 자애로운 마음은 반드시 필요한 항목이다. 능력과 진실성만 따라 준다면 자애로움이라는 항

ChatGPT 이미지 생성

목은 구성원과의 신뢰구축에 있어서 약발이 가장 잘 먹히는 요소이다.

직급이 올라가고 리더가 되면 더 높은 곳과 더 먼 곳이 보이게 마련이고 마음의 여유가 생기면서 직원들, 내 새끼들을 챙겨 주고 싶은 마음이 자연스레 생긴다. 아니, 생겨야만 한다!

리더는 팀원을 품어 줄 수 있는 따뜻함을 가져야 한다. 부하가 아니라 자식처럼 지켜 주고 키워 주는 마음을 가져라. 자애로움을 바탕으로 신뢰를 쌓는 건 능력이나 진실성을 바탕으로 신뢰를 쌓는 것보다 어찌 보면 더 어렵다. 리더는 부처가 아니다. 직원이 마음에 안 드는 행동을 할 때도 있고, 사고를 칠 때도 있다. 화가 날 때도 있고, 답답할 때도 있다. 나도 사람인데 열불나고 빡칠 때가 있는 게 당연하다.

심리학에서 주로 사용하는 용어 **페르소나**persona는 고대 그리스 연극에서 배우들이 쓰는 가면을 뜻하는 단어에서 유래했다. 리더는 가면을 써야 하는 사람이다. **리더는 자신의 부정적 감정을 여과 없이 드러내면 안 되는 자리에 있는 사람**이다. 사회가 변하면서 감정 노동자들의 고충에 대한 이야기가 많다. 마음속으로 부정적 감정을 느끼면서도 겉으로는 웃으면서 연기acting를 해야 하는 **감정노동**emotional labor은 누구에게나 힘든 일이다.

"나 리더야~!! 그런 걸 내가 왜~~?"

나는 리더니까 감정노동 같은 게 필요 없을까?

아니다!!

필요하다! 완~전! 필요하다!

'리더라면 감정노동에서 자유로울 것'이라는 생각은 큰 오산이다.

- 가면을 써라.
- 평정심을 유지해라.
- 맨얼굴을 그대로 보여 주지 마라.

어떤 관계에서든 본심을 그대로 보여 주는 것은 바람직하지 않다. 리더라면 말할 것도 없다. 부모도 자식에게 감정노동을 해야 하는 세상이다.

팀원이 30명인 팀에서 리더가 각 팀원과 10회씩 커뮤니케이션을 한다면, 10번 중 2번만 소통에 실패해도 총 60회의 어긋남이 발생한다. 그것들이 쌓이고 쌓이면 관계는 틀어진다. 그런 리더는 **'말해도 소용없고, 말 안 통하고, 말 걸고 싶지 않은 존재감 제로 상사'**가 될 뿐이다.

더 보기

웃는다고 웃는 게 아니고,
괜찮다고 해서 괜찮은 것이 아니다

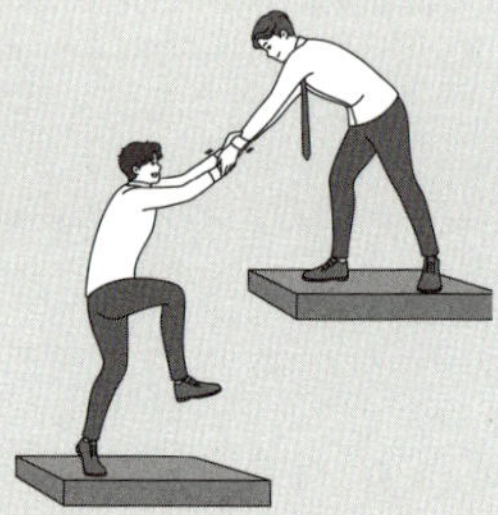

리더가 구성원들을 자애로움으로 포용하려면 섬세한 공감 능력이 필요하다. 구성원이 웃고 있다고 해서 정말 웃고 있는 게 아니다. 괜찮다는 말을 그대로 받아들여서는 안 된다. 구성원들은 소리 없는 구조 신호를 보낸다.

작은 징후도 놓치지 말고, 신경 쓰고, 체크하고, 도움을 주어야 한다.

저자가 대학원생들에게 연구방법론을 가르치면서 생긴 일이다.

통계분석 방법을 가르치려다 보니 그 과정을 직접 보여 주며 따라하게 했다. 학생들은 각자 개인 노트북을 가져와 그대로 따라하면서 학습을 해야 했다.

그러다 프로그램을 제대로 설치하지 못하고 온 학생, 오류가 난 학생, 업데이트를 안 해서 못 따라오는 학생들을 발견했다. 그래서 이 학생들을 제대로 잘 따라오고 있는 학생들 옆에 보내어 팀을 만들어 진행했고, 매시간마다 잘 따라오고 있는지 직접 가서 확인을 하는 식으로 진행했다.

그러다가 후반부에 쉽게 따라올 수 있는 부분에서는 직접 가서 체크를 하지 않고, 잘 따라오고 있는지만 물어보면서 확인을 몇 번 하던 차에,

뭔가 수상한 느낌이 들었다. 팀별로 학생들이 끄덕거리며 잘 따라오고 있다고 대답을 하는데 세 번째 팀의 학생들이 끄덕거리면서 웃는 느낌이 수상했다.

직접 가보니 노트북 배터리가 나갔던 것이다.

"나 다 보이는데~ 배터리 나갔다고 진즉 얘기하지~"

ChatGPT 이미지 생성

보는 것만으로는 학습 효과가 떨어지니 남은 부분은 다음에 보충하자고 다른 팀 학생들의 동의를 구하고, 이후 보충 수업을 하기로 했다. 그리고 다음 시간에는 노트북을 '만땅'으로 충전해서 와라, 사양이 오래된 노트북은 충전기도 챙겨 오라는 세부지시사항을 전달했다.

리더에게 상황을 제대로 보고하지 못하고 그냥 괜찮다, 별 문제 없다면서 은근슬쩍 넘어가는 일은 조직상황에서도 흔히 발생할 수 있다. 이때 윽박지르거나 화내거나 찡그리지 말고 가볍게 웃으면서 넘겨라. 대신 어떻게 문제를 해결할 것인지, 향후에는 어느 부분에 신경을 써서 재발을 방지할 것인지를 함께 이야기하고 의논하자.

구성원이 찔리는 상황, 실수한 상황, 민망한 상황에서 토닥여 주고 웃어 주는 센스도 필요하다. 경험상 상당히 효과가 크다. 본인이 올챙이 적 시절은 잊지 말자. (그러나, 요즘에는 성희롱 문제가 심각하게 다루어지기 때문에 물리적 터치는 세심한 주의가 필요하다. 따뜻함을 통한 교감은 상당히 효과적이지만 그럼에도 불구하고 문제의 소지가 다분하니 그냥 하지 말자. 잘못하다 고소당한다.)

2 고성과 창출 리더십

리더라면 누구나 해야만 하는
고성과 창출

리더의 본원적 임무는 성과 창출에 있다.

조직들이 리더를 만드는 이유, 즉 **리더의 존재 이유는 성과 창출**이다.

High Performance Leadership

실무적 관점에서 리더는 성과를 달성하는 사람이다. 앞서 리더십을 "조직성과 창출을 위한 사회적 영향력"이라고 정의했는데, 이는 리더가 어떤 형태로든 성과를 만들어 내야 하기 때문이다. 리더의 사회적 영향력은 저절로 행사되는 것이 아니라 특정한 의도를 가지고 명확한 목표를 달성하기 위해 발휘되는 것이다. 정치조직이라면 선거에서 이겨야 하고, 이익단체라면 해당 집단에 이익을 가져다 주어야 한다.

기업에서 성과라는 개념은 광범위하다. 내·외부 고객의 만족, 고품질의 제품과 서비스 제공, 원가 절감, 재무성과 창출, 혁신 등 담당 업무와 시기, 그리고 주어진 목표에 따라서 수많은 형태의 성과 지표들이 있다. 기업 환경이 급변하고 경쟁이 치열해지면서 성과는 기업의 생존과 발전을 위해 더욱 중요한, 그렇지만 과거보다 훨씬 더 달성하기 어려운 것이 되어 가고 있다.

경영학의 아버지라 불리는 **피터 드러커**Peter Drucker는 기업의 '재

기업에서의 리더십은
"실적을 올려 성과를 달성하는 것"이 핵심!
ChatGPT 이미지 생성

무성과'를 **'사람에게 필요한 산소'**에 비유하며, 성과를 내지 못하는 기업은 소멸할 수밖에 없다고 강조했다. 반면 학습하는 조직learning organization의 대가로 유명한 **피터 센게**Peter Senge는 **'수익 창출에 집착하는 기업'**을 **'숨 쉬는 것을 삶의 목적으로 하는 사람'**으로 비유하며, 수익 창출이 아닌 무언가 다른 의미 있고 가치 있는 비전을 가져야 한다고 주장한다.

둘 다 말이 되는 이야기이다. 그러나 숨 쉬는 것과 비전 중 하나만 고르라고 한다면?

> 아무리 근사한 가치와 비전이 있더라도 수익 창출에 실패해 운영조차 어렵다면 그 조직은 소멸한다.

조직은 배고픈 소크라테스로는 존재가 불가능하다. 돼지가 되더라도 일단 배가 불러야 원하는 비전을 이룰 수 있다.

가진 것 하나 없이 비전을 이룬다는 것은 불가능하다. 결국 실적,

성과, 수익을 먼저 챙길 수 밖에 없는 것이 현실이다.

그래서 신뢰받는 리더의 첫 번째 조건이 능력인 것이다. 사람들이 진정으로 원하는 리더는 자신의 성장에 기여하고, 미래에 이익을 가져다주는 사람이다. 아무리 인품이 훌륭한 리더라도 능력이 부족하다면 구성원들은 그 리더를 인정하고 따르지 않는다. 리더의 선의와 이를 실행하는 능력 간 차이가 있으면 구성원들은 리더를 믿고 따르는 것이 아니라 안쓰럽게 또는 한심하게 여긴다. 무능력한 리더와 일하고 싶은 사람은 세상에 아무도 없다.

ChatGPT 이미지 생성

과거 한국의 연공서열과 온정주의에 입각한 조직관리에서 현대의 치열한 경쟁에 대응하는 성과주의로 이행하면서 고성과 창출에 대한 요구는 점점 더 높아지고 있다. 성과 창출이라는 측면에서 **리더는 더 이상 현역에서 뛰는 개인 플레이어**individual player**가 아니다.** 리더는 직접 업무를 수행하는 것이 아니라 조직 구성원들을 통해 조직의 목표를 달성하는 존재로 조직과 구성원을 성장시키지 못하는 리더는 아무리 개인 성과가 탁월해도 리더로서는 실격이다.

"나 하나만, 나 혼자만 잘하면 된다는 생각은 리더를 실패로 이끄는 주요한 이유가 된다."

ChatGPT가 제시한 고성과 리더가 되기 위한 방안은:

- 명확한 기대와 목표 설정
- 정기적 피드백과 코칭 제공
- 개발 및 학습 기회 장려
- 성과 인정 및 보상
- 미흡한 성과 즉시 해결

팀과 조직의 성과 창출에 기여하는 고성과 리더의 목표 설정, 목표달성 과정 관리, 저성과 구성원 관리 방법을 살펴보자.

목표 설정

리더는 팔로워에게 **무엇을 해야 할 것인지에 대한 명확한 목표를 설정**해 주어야 한다. '혼자 알아서 잘하겠지'는 정답이 아니다. 구성원이 해야 할 일이 정확하게 무엇인지를 분명하게 제시해 주는 것이 중요하다. 단, 일방적으로 시키는 것은 지시일 뿐 목표 설정이 아니다.

처음에 아무것도 모르는 신입 사원에게 목표를 설정하게끔 도와주는 것은 사실 상당히 귀찮은 일이다. 의견을 나누면서 무엇을 하고 싶은지, 달성하고 싶은 것이 무엇인지, 이를 **어떻게 조직성과에 연결시킬 것인지를 상호 협의하는 과정**을 거쳐야 하기 때문이다. 하지만 이것이 리더가 할 일이다.

목표 설정을 위해 오늘날 가장 많이 활용되고 있는 관리 방법

"우리 팀에 온 걸 환영하네~
며칠 지내면서 잘 적응해 보게!"

어깨 두 번 두드리더니 사라짐(요즘에는 성희롱 문제로 어깨 두드리면 안 된다). 대략 난감!
빈 책상에 덩그러니 앉아 무엇을 할지 몰라 옆 사람들을 곁눈질하며 하루종일 눈치만 보다가 퇴근. 아무것도 못하는 바보가 된 느낌이다.

ChatGPT 이미지 생성

은 목표에 의한 경영Management by Objectives, MBO과 목표 및 핵심 결과 지표Objectives and Key Results, OKR다.

목표에 의한 경영

피터 드러커가 『경영의 실제The practice of management』에서 제시한 MBO는 대표적인 성과관리 기법으로 목표 설정과 측정, 그리고 이를 달성하기 위한 조직 구성원 육성을 강조한다.

MBO의 네 가지 구성요소

- 목표 설정goal setting
- 구성원 참여employee participation
- 피드백performance feedback
- 수행implementation

목표 설정 시에는 S.M.A.R.T. 원칙이 권장된다.

- **S**pecific: 구체적이고,
- **M**easurable: 측정 가능해야 하며,
- **A**chievable: 달성 가능해야 하고,
- **R**elevant: 업무 관련성이 있으며,
- **T**ime-bound: 시간 제한이 있어야 한다.

그러나 MBO는 구성원의 참여에 의한 목표 설정이라는 좋은 의도와 달리 그 실행의 대부분이 최고경영층에서 수립된 목표의 **하향식** top-down **전달 방식 및 결과 수치에만 집중**한 나머지 목표 달성을 위한 **과정을 간과한다는 비판**을 받는다.

구성원이 좋은 성과물을 가지고 와도 그것이 처음 설정한 목표의 의도와 그 목적에 맞는 행동(합목적성)을 통해 성과가 이루어진 것인지 검증해야 한다. **합목적성 검증**을 무시하는 순간 수많은 비리와 불공정 행위들(낚아채기, 가로채기, 끼어들기 등)이 발생하게 된다.

더 보기

코브라 효과The Cobra Effect

- **의도**: 영국 정부가 인도 델리의 코브라 수를 줄이기 위해 코브라 한 마리를 죽일 때마다 보상금을 지급하기로 결정했다.
- **의도하지 않은 결과**: 보상금을 타기 위해 현지 인도인들이 일부러 코브라를 번식시켜 포상금을 챙겼고, 이를 눈치챈 정부가 보상금 지급을 중단하자 번식된 코브라들의 가치는 빵zero이 되었다. 가치가 없는 코브라들이 결국 모두 버려지며 코브라 수는 오히려 증가하는 결과를 초래한다.

경제학에 의도하지 않은 결과unintended consequences라는 용어가 있다. 그 대표적 사례가 코브라 효과The Cobra Effect로, 어떤 문제를 해결하기 위한 대책이 오히려 사태를 더 악화시키거나 예상치 못한 역효과를 초래하는 것을 의미한다.

코브라 효과와 같은 상황은 MBO를 실행하는 조직에서도 흔하게 발생한다. 영국의 한 대형 항공사에서 수화물 처리 속도를 향상시키기 위해 MBO를 활용했다. 목표는 비행기 착륙 후 다섯 번째 수화물이 스캐너를 통과하기까지의 시간 줄이기. 이 새로운 성과 지표에 너무나도 효율적으로 대처하는 구성원들.

ChatGPT 이미지 생성

비행기가 착륙하자마자 냅다 차를 몰고 가서 수화물 칸을 잽싸게 연다. 잡히는 대로 가방 나섯 개를 광속으로 신고 수화물 벨트로 옮긴 후 스캐너 통과!

나머지 짐을 옮기는 일은 관심 밖이다. 결국 전체 수화물 처리 속도가 오히려 늦어지는 결과를 초래한다.

ChatGPT 이미지 생성

미국 경찰에서 관할 구역 순찰을 강화하기 위해 MBO를 도입했다. 목표는 하루에 적어도 200마일을 주행할 것. 주택가 구석구석까지 더 자주, 순찰범위와 빈도를 높여 경찰이 항상 주변에 있음을 주지시켜 범죄를 예방하고자 한 의도. 이에 일부 경찰들은 주택가 순찰 대신 냅다 고속도로를 타고 200마일을 찍는 순발력을 발휘한다.

이러한 사례들은 좋은 의도로 도입된 제도와 성과 목표가 효과가 없거나 오히려 부정적인 결과를 초래할 수도 있음을 보여 준다. 따라서 리더는 MBO를 실행함에 있어 어떤 부작용과 역효과가 생길 여지가 있는지 사전에 충분히 고려하여 구성원들이 결과 지표에만 매달려 원래의 의도에서 엇나가는 행동을 하지 않도록 주의해야 한다. 물론 말처럼 쉽지는 않다. **인간의 창의성**이라는 것이 요상하게 꼭 이럴 때 빛을 발하며 **잠재력을 발휘**한다.

목표 및 핵심 결과 지표

MBO에 이어 오늘날 각광받고 있는 OKR은 인텔에서 처음 개발되고 **구글**Google이 이를 적극적으로 활용하면서 그 효과가 검증되고 가치를 인정받았다. 이후 수많은 글로벌 기업들이 이를 도입해 성공을 거두며 세계적으로 확산된 최근 가장 주목받고 있는 성과관리 기법이다.

> ▸ OKR의 가장 큰 특징은 분해 형식의 쪼개기 기법으로
> ▸ MBO가 SMART한 목표 설정에 초점을 두었다면 OKR의 핵심은 하나의 목표(Objectives, O)를 여러 개의 구체적이고 중요한 달성 지표(Key Results, KR)로 분해하여
> ▸ 목표가 여러 개의 달성 지표와 세부 과제로 나뉘고
> ▸ 그 과정이 조직 전체, 팀, 개인 수준에서 연결성을 가지고 유기적으로 진행된다.

마찬가지로 같은 팀 안에서도 팀원에 따라 목표가 같더라도 서로 다른 핵심 결과를 설정하고 추구할 수 있다.

리더가 구성원들의 성과를 관리하고 고성과를 창출하기 위해 이와 같이 다양한 방식으로 목표를 설정해야 하는 이유는 목표가 성과 추구 행동의 기초가 되기 때문이다.

현대 사회의 리더는 고성과를 창출하는 것이 개인의 이익으로 연결된다는 사실을 강조해야 한다. 과거처럼 조직을 위해 개인을 버리고, 희생하고, 충성하며, 조직을 우선시해야 한다는 일방적 요구가 통하는 시대가 아니다. 개인의 노력이 조직의 목표 달성을 위한 하나의 톱니바퀴가 아니라 자신의 성장과 발전, 그리고 실질적 이익으로 이어짐을 분명히 알려 주어야 한다. 조직과 개인의 목표가 잘 연결되어

더 보기

OKR 목표 공식 OKR Goal Formula

나는 특정 목표A를 B로 측정하겠다
I will [Objective] as measured by this set of [Key Results].

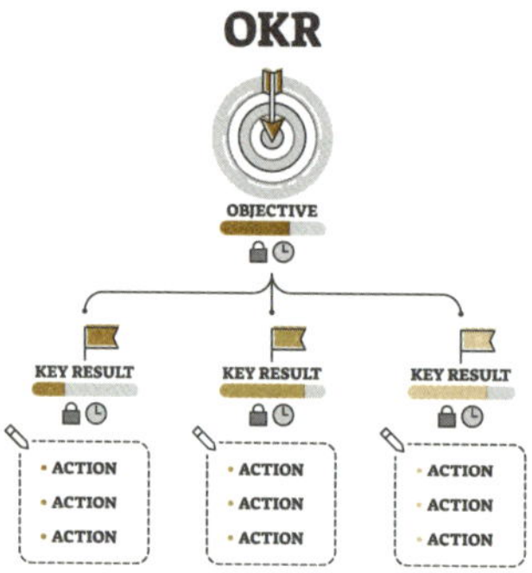

- **목표** objectives
  달성하고자 하는 바에 대한 명확한 서술
- **핵심 결과** key results
  목표에 대해 2~5개까지의 핵심 결과를 제시

영업 1팀

- 목표: 온라인 사이트 매출 증가
- 핵심 결과:
  - 사이트 방문 숫자 X에서 Y로 증가
  - 구매율 X에서 Y로 증가
  - 구매 취소율 X에서 Y로 감소

영업 2팀

- 목표: 온라인 사이트 매출 증가
- 핵심 결과:
  - 추천 지수 X에서 Y로 증가
  - 리뷰 작성률 X에서 Y로 증가
  - 재구매율 X에서 Y로 증가

정합성person-organization goal alignment을 갖출 때 비로소 업무 목표에 대한 책임감과 동기부여가 가능하다.

> 고성과 리더가 되기 위한 첫 걸음은 "조직 전체의 목표 달성이 개인의 성장과 이익에 연계되는 설득력 있는 목표를 제시하는 것"이다.

피드백과 코칭

구성원들의 성과관리에서 적절한 목표 설정만큼이나, 혹은 그 이상으로 중요한 리더의 역할이 피드백과 코칭이다. 목표 설정이 구성원들이 가야 할 방향, 성취해야 할 결과물을 명료화하는 것이라면 피드백을 제공하고 코칭하는 것은 목표로 가기 위한 노력, 방법, 전략, 진행방향과 방식 등이 적절한지 알려 주고 필요한 수정, 개선을 통하여 목표 달성, 성과 향상을 위한 과정을 구체화한다.

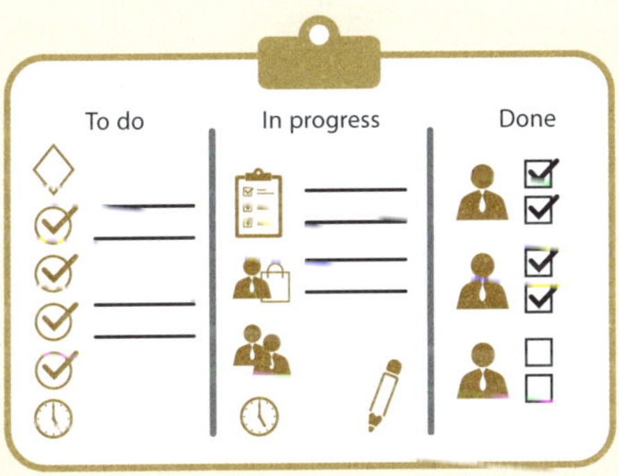

명백한 목표를 제시하여
일을 잘 맡긴 후에는
잘할 수 있도록
그 과정을 도와주어야 한다.

리더가 구성원들의 목표 달성에 실질적으로 도움을 주기 위해서는 목표 달성 및 실질적 업무 수행 과정에서 생기는 궁금한 사항 및 문제점을 리더와 부담 없이 상의하고 해결책을 마련할 수 있도록 해야 한다. 이런 점에서 효과적 피드백과 코칭이 중요하다. 최근 많은 조직들에서 1-on-1, 코칭, 퍼실리테이션 등을 강조하는 이유이기도 하다.

2023년 미국의 직업 컨설팅 회사인 지피아Zippia에서 조사한 바에 따르면 직장인들은 리더로부터 단지 성과평가를 받고 그 결과에 대한 통지를 서면 혹은 대면으로 전달받는 것 이상을 원한다.

- 65%의 직장인들이 리더로부터 보다 많은 피드백을 원한다.
- 80%의 직장인들이 분기별, 반기별 피드백보다 직무수행과정에서 즉시적 피드백을 원한다. 특히, 60%에 이르는 직원들이 매일 혹은 적어도 일주일에 한 번은 피드백을 받고 싶어 한다.
- 직장인들의 75%는 피드백이 가치 있고 도움이 된다고 느낀다.
- 긍정적 피드백을 받은 직원들의 1%만이 업무의욕 저하를 경험한 반면 그런 피드백을 받지 못하는 직원들은 40%가 업무의욕 저하를 경험한다.

지피아의 조사결과에 의하면, 피드백은 아래의 통계자료와 같이 직원들을 보다 적극적으로, 협조적으로, 진심으로 업무에 임하게 하는 효과를 가진다.

따라서, 목표가 없는 상황보다 어떤 목표라도 있는 경우 성과가 좋은 것처럼, 피드백이 없는 상황보다 부정적이든 긍정적이든 피드백을 받는 경우 성과가 향상된다. 더불어, 최선을 다하라는 모호하거나

피드백의 긍정적 효과

출처: https://www.zippia.com/advice/employee-feedback-statistics/

별 의미가 없는 목표보다는 위에서 설명한 SMART한 목표가 보다 효과적인 것처럼, 피드백도 가급적 건설적인, 긍정적인, 시의적절한 방식으로 주는 경우 성과 향상의 효과가 두드러진다. 따라서, 업무수행과 성과관리를 위한 구성원들에 대한 피드백과 코칭의 상황에서는 그 내용과 함께 진행하는 방식에서의 미묘한 차이에 신경 써야만 한다.

비언어적 메시지의 중요성

피드백을 할 때 리더의 표정, 목소리 톤 등의 비언어적 메시지는 리더의 개방적인 태도와 건설적인 의도를 전달하는 데 상당히 중요한 역할을 한다. 미소를 잃지 않아야 하고, 온화한 표정을 지어야 하며, 미간을 찡그려서도 안 되고, 화를 내거나 짜증을 내서도 안 되며, 다가가기 힘든 분위기를 조성해도 안 된다.

비언어적 메시지는 다양한 의미를 전달하는 강력한 신호로 구성

비언어적 메시지 체크 리스트

- 상대방이 들리도록 한숨을 쉰다.
- 미간을 찌푸린다.
- 서류를 거칠게 다룬다.
- 어이 없다는 표정을 짓는다.
- 대놓고 면박을 준다.

원들의 향후 피드백에 대한 태도 및 행동패턴을 결정하는 중요한 요소이다. 구성원들이 목표를 달성하기 위한 업무상 문제를 가지고 왔을 때 내가 어떻게 반응하는지 스스로 곰곰이 생각해 보자.

리더에게 상담을 요청하고 찾아가는 것을 편하게 생각하는 구성원들은 극히 드물다. 한국 조직의 위계적 문화에 오랜 시간 익숙해진 탓일 수도, 혹은 전임 상사들의 권위적 태도나 그로 인한 부정적 경험이 영향을 미쳤을 수도 있다. 리더-팔로워라는 관계, 지배역학에 의해 자연스레 생기는 무의식적 부담감, 두려움, 거부감 또한 분명히 존재한다.

알아서 해오라고 해놓고 결과물을 검토하며 틀린 것, 오탈자, 누락 및 잘못된 데이터에 대한 지적만 한다면 구성원들은 잔소리에 주눅이 들고 실망하고 점점 소극적으로 변하게 된다. 구성원들을 닦달하기 전에 도와주겠다는 생각을 먼저 해야 한다. 담당 구성원들에게 관심을 가지고, 물어보고, 확인하고, 어려운 점은 없는지 먼저 손을 내밀어 보자.

경험이 많지 않은 신입 구성원들에게는 잘하는 측면을 칭찬하면서 자신의 강점을 강화시켜 주고, 경험이 많고 어느 정도 수준에 있는 구성원들에게는 장기적 관점에서의 목표와 비전을 제시하면서 피드백을 주는 것이 좋다. 리더로서 구성원들의 현재 심신 상태를 걱정하고, 성과와 성장 모두를 추구하며, 리더가 같이 고민하고 있음에 대한 확신을 주고 격려해 주어야 한다. '들판에 버려진 새끼사자' 같은, 혼자인 느낌이 드는 순간 구성원들의 마음은 떠난다.

더 보기

가면증후군imposter syndrome

세상에는 가면증후군에 시달리는 사람들이 의외로 많다.

가면증후군이란?

- 능력이 있음에도 자신을 과소평가해서 뒷걸음치는 심리
- 자신은 원래 자격이 없는데 주변 사람들을 기만하여 또는 단지 운이 좋아 이 자리에까지 오게 되었다는 불안 심리
- 업무에서 달성한 성과를 단지 운이 좋았을 뿐이라고 스스로를 의심하는 상태

1978년 미국 조지아주립대학교 심리학과의 폴린 클랜스Pauline Clance와 수잰 임스Suzanne Imes 박사는 성공한 사람들이 충분한 실력이 있음에도 불구하고 자신이 그 자리에 있을 자격이 없으며, 사람들이 자신을 과대평가하고 있고, 언젠가는 가면이 벗겨져 자신의 정체가 드러날 것이라는 두려움을 갖고 있다는 연구 결과를 발표한다.

ChatGPT 이미지 생성

"제 평생의 업적이 과장되어 높이 평가받는 것이 저를 매우 불안하게 만듭니다. 마치 제가 본의 아니게 사기를 치고 있는 사람처럼 느껴집니다."

_알베르트 아인슈타인Albert Einstein

"저는 오늘 진심으로 고백하건대, 제가 부여받은 이 지휘를 감당할 만한 사람이라고 생각하지 않습니다."

_조지 워싱턴George Washington

시그모이드커브 컨설팅 그룹Sigmoid Curve Consulting Group의 대표이사인 해럴드 힐먼Harold Hillman은 가면증후군을 앓고 있는 사람들의 행동 패턴을 다음과 같이 정리했다.

- 철벽 방어
- 유아독존
- 고집불통
- 오만
- 소심

이들은 타인들의 높은 기대치에 맞추기 위해 스스로에게 높은 기준을 요구한다. 그래서 능력과 상관 없이 높은 목표를 설정하고, 현실적 목표보다 큰 꿈에 집착하는 경우가 많다. 어떻게 보면 과도하게 높고 비현실적 목표를 추구해 누구라도 실패할 수밖에 없을 거라는 정당화를 위한 무의식적 노력일 수도 있다.

리더는 가면증후군에 시달리는 구성원들을 현실의 세계로 이끌어 주고, 자신에게 적합한 수준의 목표를 달성할 수 있도록 해주는 사람이다.

"자신의 강점을 살려 성과를 적정 수준에서 관리할 수 있도록 도와주는 것 역시 리더의 몫"이다.

솔직한 피드백

피드백에서 꼭 지켜야 할 기본 원칙은 솔직함이다. 그러나, 솔직한 피드백은 불쾌하고 무례한 지적과는 다르다. 리더에게 무례함이란 권리는 없다. 우리나라 직장인 1,278명을 대상으로 한 피드백 관련 직장인 설문조사에 따르면 응답자 61%가 '솔직한 피드백에 대해 고마움을 느낀다'고 응답했다. 문제점을 회피하지 않고 직면하되, 감정적 대립이 아닌 목적 및 해결 중심의 대화, 배려와 존중이 전제된 솔직함이 필요하다.

애매모호한 표현으로 핵심을 알 수 없는 피드백은 오히려 혼란을 야기한다. 이렇게 계속 하라는 건지 하지 말라는 건지, 그래서 지지적 피드백supportive feedback인지 교정적 피드백corrective feedback인지를 명확하게 해주어야 구성원들이 올바른 방향으로 업무 방향을 재설정하고 전환해서 일을 진행할 수 있다. 실리콘밸리에서 흔히 나오는 얘기로, 구성원들의 업무추진과 목표달성 방향에서의 정지, 계속, 변화stop, go, change에 대해서 명확하게 의견을 전달해 주는 것이 좋다. 그러나, 구성원을 고문하는 학대적 피드백abusive feedback은 절대 넘어서는 안 되는 금기사항이다.

리더의 솔직한 피드백에서 가장 중요한 것은 문제를 외면하거나 회피하지 않는 자세이다. 특히 교정적 피드백은 상당히 민감하고 껄끄럽다. 그러나, 팀원의 업무 방식이나 행동에 문제가 있다는 것을 뻔히 알면서도 관계가 어색해질까 봐 혹은 나쁜 상사로 여기지 않을까 하는 두려움 때문에 문제를 방치하는 것은 리더로서의 직무유기이다

교정적 피드백의 톤

성장을 위한 교정적 피드백과 무조건 꼬투리를 잡고 감정적 폭주를 하는 것은 완전히 다른 것으로 이를 잘 조절하는 것이 리더의 역량이다. 서로 입을 굳게 다물고 문제가 곪아 터질 때까지 피드백을 하지 않으면 구성원은 성장을 할 수 없고, 조직은 죽어 가기 시작한다.

또한 피드백을 하면서 표현 방식에 특별히 신경을 써야 한다. 리더의 말이 옳다고 해도 팀원이 불쾌감을 느낀다면 팀원은 피드백을 수용하지 않는다. 아무리 좋은 의도를 가지고 피드백을 한다고 해도 그것이 구성원에게 제대로 전달되지 못하고 오히려 부정적 영향을 미친다면 안 하느니만 못한 피드백이 되어 버린다. 이 경우는 차라리 입을 다무는 것이 좋다.

이와 더불어 스스로 무의식적 편견을 가지고 있지는 않은지 항상 유념해야 한다. '이것은 틀렸다', '멍청한 짓을 했다' 등의 단정적이고 공격적인 표현을 쓰는 리더의 답정너(답은 정해져 있으니 너는 그냥 따라라) 접근법은 역효과를 일으키기 쉽다. "이 방식보다는 저런 방식을 고려해 볼 수 있겠다", "A와 함께 B방식으로 접근하는 것도 한번 생각해 보자"라는 식으로 대안을 제시하거나 사고 과정을 지원해 주는 것이 바람직하다.

리더라고 항상 옳은 평가와 판단을 하는 것은 아니다. 리더는 자신의 판단이 틀릴 수 있다는 점, 더 나은 해결방안이 있을 수 있다는 점, 그리고 구성원이 리더보다 더 좋은 아이디어를 제시할 가능성을 항상 염두에 두어야 한다.

효과적 피드백 체크 리스트

- 구성원이 실수나 오류를 솔직하게 털어놓고 이야기할 수 있는 분위기를 만든다.
- 구성원의 부정적 측면보다는 긍정적 노력과 결과에 대해 먼저 칭찬해 준다.
- 구성원을 단편적으로 판단하지 않는다.
- 사람보다는 업무 자체만을 가지고 피드백하려고 노력한다.
- 평소 가벼운 대화를 통해 구성원에 대한 관심을 표현한다.
- 구성원이 나에 대해, 그리고 구성원들 간 서로 의견 차이에 대해 스스럼없이 이의를 제기할 수 있게 한다.
- 내가 모르는 점이 있으면 모른다고 솔직하게 말하고 구성원과 같이 방법을 찾아본다.
- 최선의 해결책을 찾기 위해 구성원과 함께 노력한다.
- 구성원이 처해 있는 사적·공적 상황들을 고려해 피드백 타이밍을 조정한다.
- 성취 수준이 낮은 구성원에게 더 자주 피드백을 해주고 도움을 준다.

또한 동료 간 갈등이나 세력 다툼 상황에서 자신이 팔랑귀가 되어 이용당하고 있는 것은 아닌지, 중립적이고 객관적으로 판단하고 있는지 점검해야 한다. 우스운 꼭두각시 리더가 되고 있는 것은 아닌지 항상 조심하고 리더로서 중심을 잡아야 한다.

피드백은 고성과 리더십의 핵심으로 상황과 사람, 그리고 타이밍 등 다양한 요소들을 모두 고려한 섬세한 접근법이 필요하다. 나는 좋은 피드백을 제공할 준비가 된 리더인지, 또 실제로 좋은 피드백을 하고 있는 리더인지 스스로 되돌아보자.

더 보기

성과관리 리더가 범하는 흔한 오류: 마이크로 매니지먼트

성과관리에 있어 리더가 주의해야 할 사항 중 하나는 바로 **마이크로 매니지먼트**micro management · **마이크로 컨트롤**micro control 이다.

성과관리에서 중요한 것은 방향을 설정하고 길을 안내하며, 피드백과 코칭을 통해 구성원의 궁극적 성장을 돕는 것이다. 그러나 이 과정에서 리더들이 흔히 범하는 실수가 있다.

실무의 작은 부분까지 관여하고 수시로 진행 상황을 체크하며 업무가 잘 진행되고 있는지 파악하는 '마이크로 매니지먼트'다. 심한 경우 보고서의 글자 크기, 글씨체, 띄어쓰기, 줄 간격, 쉼표까지 하나하나 붙잡고 늘어지며 잔소리를 한다.

리더로서 좋은 의도로 하는 일이라도 때로는 마이크로 매니지먼트로 간주될 수 있다. 평소 다음과 같은 행동을 하지는 않는지 생각해 보자.

- 구성원이 어려움에 부딪칠 것 같으면 즉각 조치해 준다.
- 구성원이 고민하면 바로 답을 말해 준다.
- 구성원의 태도와 행동, 문제해결 방식 모두 내가 좋다고 생각하는 길로 이끈다.
- 클레임 대응 중인 구성원을 발견하면 바로 대신 처리한다.

스스로에게 물어보자.

팀원이 곤란을 겪고 있으면 무심결에 바로바로 도와주는 편인가?

도와주는 리더는 당연히 고맙다.
그러나,

항상 빨간펜 선생님일 필요는 없다.

답을 바로 내어 주지 않고, 스스로 생각하고, 고민하고, 해결하는 과정을 겪게 하는 것도 중요하다. 도움이 지나치면 의존성만 키워 오히려 부족함만 못할 수도 있다.

리더는 균형을 잘 잡아야 한다. **너무 많지도, 너무 적지도 않은**not too much, not too little, 적절한 수준의 도움을 주는 것이 중요하다. 균형을 잃게 될 경우 구성원을 도와주려는 좋은 의도는 사라지고 사소한 것까지 통제하는 **'헬리콥터 보스**helicopter boss'가 되기 십상이다. 마이크로 매니지먼트는 저자들도 찔리는 구석이 상당히 많다. 책을 써 내려가다 보니 학생들을 도와주겠다고, 배려해 준다고 한 일들이 스스로의 문제해결 능력을 오히려 저해한 것이 아닌가 심히 찔린다.

"중용의 리더십을 실천하자."
(저자, 너 두고 하는 말이다!)

저성과자 성과관리

조직에서 성과관리와 관련하여 리더들이 가장 크게 고민하는 부분이 저성과자 관리이다. 특히 한국처럼 법적 근로자 보호도가 높아 노동유연성이 낮은 환경에서는 문제사원이라고 불리우는 저성과자를 중간 정도라도 할 수 있게 하거나(속칭 1인분), 적어도 민폐를 끼치지 않도록 하는 것은 보통 일이 아니다. 바로 이 지점에서 많은 리더들이 자신의 일을 극한 직업으로 여기게 된다.

한국 조직의 많은 리더들이 공감하는 사연일지도 모르겠다. 저걸 도대체 어찌해야 할꼬?(표준어: 할까?) 구성원이 개판을 치는데 요즘 세상에는 화도 마음대로 못 낸다. 그러다가 직장 내 갑질, 괴롭힘이라고 신고라도 당하면 인사팀에, 경찰서에 나만 끌려다닌다. 그러다가 어느 순간 더는 통제불가 상황이 되며 이러다가 대형사고 치겠다

더 보기

나 폼나는 리더?
아니, 내 직업은 극한직업이다

나는 팀장이다.

5년 전 내가 팀장이 되며 만난 OOO 사원은 정말 난감하다. 사흘이면 처리할 수 있는 일을 메일로, 메신저로, 말로 열 번을 넘게 물어봐서 3주만에 겨우 보고를 받는다.

> OOO 사원: "아버지께서 최근 돌아가셔서 경황이 없었습니다."
> 나: … ('자네 아버님 2년 전에 돌아가셔서 조문 갔었네.' 울화통이 치밀어 오른다.)

상황이 이렇다 보니 업무를 할당하면서 언제 일이 완료될지 예측 불가. 아주 간단한 일을 카톡으로 부탁해도 바로 앞에 앉아서 '안읽씹'과 '읽씹'의 오묘한 콤비네이션으로 반응한다.

그뿐인가. 이 친구는 매일 30분씩 지각하는데, 출근 후에도 자리에 잘 안 보인다. 팀 회의에서는 대부분 침묵하고, 본인 업무 보고도 엉망일 때가 많다. 최소한의 일만 하고, 최대한 일을 미루고 안 하면서 항상 핑계를 대고, 회사 정책이나 상사의 결정에 불만만 얘기한다. '조용한 퇴사'의 모범 케이스!

자기한테 유리한 것만 기억하거나 잘못 기억하고 있어서 정작 담당자에게 이야기를 들어 보면 전혀 다른 말이 나온다. 지난 5년 간 수도 없이 요즘 유행하는 1-on-1 면담도 하고, 코칭도 하였지만 변화가 없다. OOO사원은 늘 차분하다. 내가 화를 내도 차분하다. 차분한 저 모습이 더 열통 터지고 얄밉다.

ChatGPT 이미지 생성

결국은 내가 포기. 내가 어떻게 할 수 있는 생명체가 아니다. 인사팀에서도 여러 차례 시정을 요청하다가 결국 포기했다. 퇴직을 계속 권하고 있지만, 깔끔하게 무시한다.

근로기준법 제23조(해고의 제한) "사용자는 근로자에게 정당한 이유 없이 해고, 휴직, 정직, 전직, 감봉 기타 징벌을 하지 못한다"는 규정을 들이대며, 성과가 저조하다고 해고할 수 없다며 아주 차분하게 스스로를 변호한다.

상황이 이렇다 보니 OOO사원만 보면 심히 퇴근이 하고 싶어진다. 또라이 상사와 짝을 이루는 또라이 구성원은 그야말로 극강의 "에너지 뱀파이어"이다. 팀 전체를 갉아먹는 썩은 사과 효과bad apple effect를 매일 몸소 경험하는 중이다.

사람은 절대 안 바뀌고, 고쳐서 쓰는 것이 아니라는 비관적 생각에 머리가 지끈거린다. 아 스트레스~ 피로가 몰려온다. 내일 또 저 꼴을 봐야 한다. 내가 회사를 때려치워야 하나 고민이 든다.

라는 불안감에 휴직이나 이직을 한다. 보통은 또라이 상사가 좋은 구성원을 내쫓는 경우가 많지만 또라이 구성원이 좋은 리더를 날려 버리는 상황도 발생한다.

그러나 이건 극단적인 사례이고, 대부분의 경우 차분히, 진정성을 가지고, 편견 없이 문제에 접근해 보면 의외로 쉽게 성과 향상을 이루어 낼 수도 있다. 성과 문제 발생 시 사람들이 가장 먼저 하는 것은 '사람 탓'이다. 조직행동학에서는 이를 **근원적 귀인오류**fundamental attribution error라고 한다. 상황이 발생했을 때 **외부 환경을 고려하지 않고 사람의 내부 문제로 돌리는 인간의 인지적 편향과 게으름**을 뜻한다.

품질관리의 구루guru인 에드워드 데밍Edward Demming은 조직 내 문제, 실수, 불량품 발생 등 성과 문제의 85%가 개인보다는 조직 전체의 문화, 구조, 장비, 시설, 혹은 시스템상의 결함에 기인한다고 말한다. 저성과 문제를 해결하기 위해서는 조직과 시스템의 문제에 우선 집중하는 것이 효과적이다.

그러나, 같은 환경과 같은 상황임에도 불구하고, 다른 구성원과 대비하여 유독 성과가 낮은 구성원들도 있게 마련이다. 이 경우 해당 구성원의 저성과에 대한 설명 원인을 찾아내는 것이 중요한데, 경영학에서 메타연구들을 통해 이론적으로 검증된 아래의 성과 공식performance equation을 활용할 수 있다.

P = f(M + A + E)

성과 = 동기 + 능력+ 업무환경

P = Performance(성과): 조직에서 원하는 결과, 실적
M = Motivation(동기): 그 일을 하고 싶어 하는 마음과 욕구
A = Ability(능력): 그 일을 할 수 있는 역량
E = Environment(업무 환경): 일할 수 있는 여건, 지원, 자원

저성과 구성원의 경우, 위 세 가지 요소 중 일부 또는 전부가 문제인 경우가 많다.

동기 부족: 가장 흔하게 지적되는 부분인데 이는 가장 눈에 띄기도 하고 쉽게 상황을 설명할 수 있기 때문이기도 하다. 일을 안 하니 성과도 없다. 마치 우리 애가 머리는 좋은데 공부를 안 해서~라는 설명이다.

동기부여를 위한 수많은 이론과 실무적 제안, 인사제도 등 다양한 대안을 고려해 볼 수 있다. 업무 재배치나 직무순환도 고려해 볼

수 있다. 요즘 Z세대의 경우 업무에서 의미와 자아실현 및 성장을 추구하는 성향이 강하니 이 부분을 집중해서 설득할 수도 있다.

능력 부족: 안타까운 상황이다. 밤에 잠도 안 자면서 공부를 하는데 성적이 안 나오는 경우이다. 우리 애가 머리가 나쁜가 하는 의구심이 살짝 들기 시작한다. 저 구성원은 허구한 날 야근에, 책상 지박령처럼 붙어서 뭔가를 디립따(표준어: 들입다) 하는 것 같은데 성과가 도통 안 나온다면 능력이 문제일 수 있다. 포클레인으로 퍽퍽 흙을 파야 하는데, 손바닥만 한 원예용 꽃삽으로 콕콕거리니 성과가 날 수가 없다.

이런 경우, 직무 재교육 및 능력에 맞는 업무로 재조정이 필요하다. 여기서 한 가지 더 고려할 사항은 능력이 부족한 경우도 문제지만, 능력이 넘치는 과잉 능력overqualification도 문제의 소지가 있다는 것이다. 날 수 있는 구성원에게 기어서만 다니라고 하면 도망간다. 결국 능력 부족이든 능력 과잉이든 능력에 맞는 직무로 R&RRoles & Responsibilities을 조정하는 것이 필요하다. 구성원의 능력에 맞게 적재적소에 배치해야 한다.

또한, 이 능력이라는 것은 직무 관련 지식과 기술뿐 아니라 대인관계 능력을 말하기도 한다. 사회적 기술social skill 부족으로 업무 조율 및 협력 관계 구축에 어려움을 겪는 경우도 많다. 이 경우 피드백과 코칭을 통해 커뮤니케이션과 협업 역량을 배양할 수 있도록 도와야 한다.

업무환경상의 지원과 자원 배분 부족: 저성과자 개인의 문제가 아니라 조직 전체 차원의 문제일 경우 시스템적 개선이 필요하다. 최신 AI 트렌드에 맞춰 빅데이터big data를 활용해 머신러닝machine learning으로 새로운 마케팅 자원관리 프로그램을 개발하고 운영하라고 하면서, 사양 떨어지는 10년도 더 된 구닥다리 느려터진 컴퓨터를 쓰라고 하면 성과는 물 건너 간다. 성과를 낼 수 있는 인적, 물적, 사회적 지원을 해주어야 하고, 부족한 부분이 있으면 실무 담당자가 회사에 바로 요청하고 의견을 말할 수 있는 조직 분위기를 갖추는 것도 중요하다.

이렇게 다양한 요인 분석을 통해 문제를 진단하고 재교육, 재배치, 직무전환, 코칭 등 다양한 방법으로 성과를 개선하기 위한 노력을 할 수 있지만, 그 전제 조건은 저성과자의 현실 직시와 부족함에 대한 인정이다.

사람들은 자신의 능력 부족과 저성과를 인정하지 않는 강한 성향을 가지고 있기 때문에 성과 개선을 위한 리더와 조직의 노력이 저성과자들의 강한 심리적 저항에 부딪히는 경우가 많다.

심리학에서 너무나도 유명한 더닝-크루거 효과에 대해서 알아보자.

더 보기

더닝-크루거 효과Dunning-Kruger effect

1999년 코넬대학교의 사회심리학자 데이비드 더닝David Dunning과 저스틴 크루거Justin Kruger는 다양한 실험과 조사를 통해 "무능한 사람들일수록 자신이 실제보다 더 많이 알고 있다고 생각하고, 자신의 능력을 과대평가하는 성향"을 보인다는 것을 밝혀낸다.

근자감(근거 없는 자신감) 만빵!

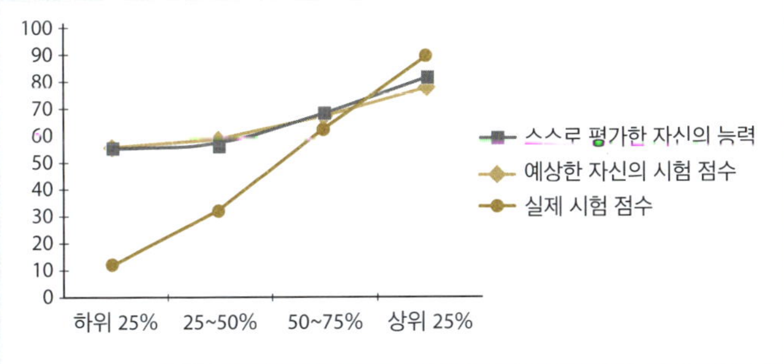

출처: https://theness.com/neurologicablog/misunderstanding-dunning-kruger/

실험 결과를 보면, 실제 시험 점수 하위 25%에 속하는 학생들의 자기 능력에 대한 평가가 실제 시험 점수보다 크게 높은 것을 알 수 있다. 특히 시험 점수 하위 10% 학생들은 자신이 상위 30%에 속한다고 생각하는 것으로 나타났다. 반면에 실제 시험 점수가 상위 25%에 속하는 학생들이 보고한 자신의 능력과 점수에 대한 지각은 오히려 실제 점수보다 낮은 것으로 나타났다.

대부분의 운전자들은 자기가 운전을 평균 이상으로 잘한다고 착각하고, 대학 교수들의 95% 이상은 자기가 교수로서 평균 이상은 된다고 생각한다. 선무당이 사람 잡는다는 말이 있다. 아래 그래프의 양쪽 포인트를 보면 지식이 없는 사람들이 전문가만큼의 자신감을 보인다. 어떤 분야에 대해서 책을 딱 한 권 읽은 사람이 가장 무섭다. 자신이 알고 있는 것이 전부라고 착각하기 때문에 세상에 무서운 게 없다.

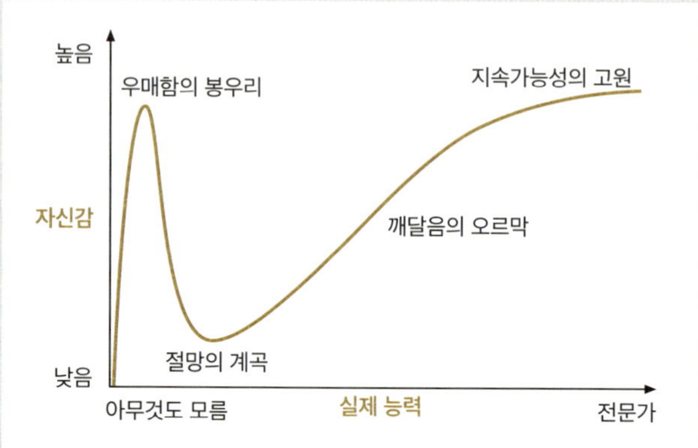

"무지는 지식보다 더 확신을 가지게 한다."

_찰스 다윈Charles Darwin

"엉터리로 배운 사람은 아무것도 모르는 사람보다 더 어리석다."

_벤저민 프랭클린Benjamin Franklin

우스갯소리로 인터넷에 떠도는 유머가 있으니,

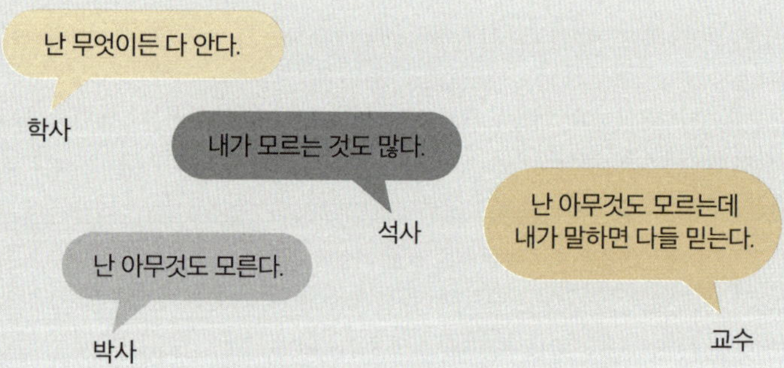

더닝-크루거 효과에서 보여 주는 자기확증적 인지편향을 고려하면 저성과자에게 스스로의 성과 수준을 납득시키는 것이 생각보다 상당히 힘든 일이 될 수 있다. 성과 리뷰와 피드백 세션을 하면 저성과자들은 자신의 성과가 낮은 것에 '그럴 리가, 아닌데'라는 의문을 제기한다. 다른 구성원의 평가표와 혼동한 거 아니냐며 객관적 증거를 보여 달라고 요구할 수도 있다. 혹은 미리 얘기해 줘야지 왜 지금 얘기하냐고 따질 수도 있다. 따라서, 3개월, 반년, 1년에 한 번씩 하는 분기, 반기, 연간 성과평가보다는 **매주 1-on-1 미팅과 코칭**을 하면서 성과에 대한 기대 수준, 그리고 구성원의 현재 수준과 성과 상태를 **지속적**으로 알려 주고 **공유**하는 것이 좋다.

3 VUCA 리더십

VUCA시대,
센스 있는 VUCA리더

리더는 카멜레온처럼 환경에 맞게 변화하고 적응해야 한다.

변화와 적응의 실패는 **리더십의 실패**로 이어진다.

VUCA Leadership

사람들은 우리가 살아가는 시대를 VUCA시대라고 한다. VUCA는 1987년 미국 육군대학에서 최초로 제시한 개념으로 2차 세계대전 후 소련의 붕괴로 미국과 소련 간 냉전 체제의 종식과 함께 새로운 위험과 도전이 대두되는 예측 불가능한 환경을 설명하기 위해 생긴 신조어다. 이후 이 군사용어는 변동성, 불확실성, 복잡성, 모호성으로 특징지어지는 경제 상황에 적용되어, 현재에는 예측하기 힘든 경영환경을 설명하는 용어로 널리 사용되고 있다.

새로운 리더십 환경: VUCA시대

우리는

- 변동이 심하고Volatile,
- 불확실하며Uncertain,
- 복잡하고Complex,
- 애매모호한Ambiguous

환경이 기본값이 된 VUCA시대를 살고 있다.

오늘날의 젊은 세대들은 VUCA라는 혼돈의 시대에서 발버둥치고 있다. ChatGPT에게 비즈니스 상황에서 VUCA가 어떤 의미인지를 물어보니 다음과 같이 답한다.

- 변동성Volatility: 시장 변화, 가격 변동, 혁신적 파괴 등 경영환경의 변화 규모와 속도가 갑작스럽고 급격하게 커지는 상황.
- 불확실성Uncertainty: 새로운 상황 발생으로 데이터가 있는데도 불구하고 규제 변화, 시장 수요 변화, 경쟁사 행동 등 향후 어떤 일이 일어날지 예측하기 어려운 상황.
- 복잡성Complexity: 글로벌 공급망, 기술 발전, 환경 규제 등 비즈니스 생태계 내의 수많은 요인들이 상호 연결되어, 그 연계성에 의해 환경을 분석하고 이해하기 어려운 상태.
- 모호성Ambiguity: 이용 가능한 정보가 불완전 또는 상반되어 한 현상에 대해서 너무나 많은 다른 관점과 해석들이 존재하여 사건의 의미가 불명확하고 현황 파악과 인과관계 추론이 어려운 상태.

VUCA로 특정지어지는 현재의 경영환경, 업무 여건은 현대를 살아가고 있는 리더들이 오늘날 함께 일해야 하는 신세대 구성원들의 특성과도 밀접하게 연결된다.

변동성Volatility. 환경과 정책이 언제 어떻게 변할지 모르니, 장기적 관점을 가지고 일관성 있게 대처하기 힘든 세상이 되었다. 그러다 보니 오늘날의 젊은 직장인들은 긴 안목에서의 가치관과 직업관을 가지는 것이 어려워졌고, 눈앞의 실리를 추구할 수밖에 없는 상황에 몰리게 된다. 상황이 이렇다 보니 장기적 경력개발이 현실적으로 쉽지 않다. 이익이 당장 눈앞에 보여야 하고, 성과에 대한 보상이 빠른 것을 선호한다.

언제 어떻게 될지 모르기 때문이다. 과거 리더들이 말하는 "그냥 참고 기다리다 보면 좋은 날이 올 걸세"는 이미 백만 년 전의 일이다. 전혀 먹히지 않는다. 젊은 세대들은 초조하다. 내일이 오늘과 같을 것이라 절대 생각하지 않는다. 오늘 찾아 먹을 수 있는 것은 오늘 바로 찾아 먹어야 한다.

불확실성Uncertainty. 환경의 극단적 불확실성은 젊은 세대들을 움츠러들게 하고 소극적으로 만든다. 불안하고 초조하고 미래에 대한 두려움이 크다. 남들이 가지 않는 길은 나도 가고 싶지 않다. 실패의 위험이 많은 곳도 싫다.

그러나 어차피 확실한 게 없다면 '인생 한 방'이라는 생각에 극단적 모험을 하는 정반대의 경향을 보이기도 한다. 인생 모 아니면 도. 그러다 보니 플렉스를 하는 욜로You Only Live Once, YOLO족이나 코인에 고

위험 몰빵 투자를 하는 이들이 있는가 하면 **요노**You Only Need One, YONO 족처럼 실용적, 그리고 극단적 절약 생활로 노후를 조기에 대비하는 이들도 있다. **같은 상황, 정반대의 대응**이다.

복잡성Complexity. 모든 것들이 서로 연결되고 상호 영향을 주면서 이 세상은 너무나 복잡해졌다. 수많은 선택지들이 있어 상황을 단순하게 이해할 수도 없다. 인간들은 또 너무나 다양하다. 나와 다른 그들과 말을 섞고 싶지도 않고, 어차피 말을 해도 통하지 않는다는 것을 잘 안다. 그러다 보니 젊은 세대들은 입을 다물고 **인간관계에서 회피적 성향**을 보이기도 한다. 대면 관계보다는 **온라인으로 소통**을 하고, 나랑 안 맞는다 싶으면 바로 문을 닫아 버린다. 배째 전략! **잠수, 손절, 로그아웃**. 복잡하게 살기 싫다.

모호성Ambiguity. 이 세상이 점점 이상해지고 있다. 어디에도 정답이 없다. 너무나 많은 확률과 또 너무나도 많은 의견 속에서 길을 잃기 쉽다. 이건지 저건지 헷갈린다. 그러다 보니 깊게 생각하고 고민하는 것이 의미가 없어지고 귀찮아졌다. **어차피 고민해 봐야 노답이구만 굳이?** 확실한 답이 없으니 그냥 각자 알아서 하고 싶은 대로 하자는 **극단적 상대주의**에 빠지기도 한다. 개취 존중!

더 보기

요즘 애들… 쟤네 왜 저럴까? 요상해, 요상해, 참 요상해~

얼마 전 후배 교수를 만나 저녁 자리를 가지며 요즘 학생들에 대한 이야기를 나눈 적이 있다. 우리 때에 비해서 학생들이 상당히 저돌적이다, 자신이 손해 보는 것을 못 참는다, 학점이 생각보다 낮게 나오면 쫓아와서 따진다, 시험을 망쳐 놓고 찾아와서 학점을 올려 달라고 떼를 쓰는 학생도 있다 등.

집에 아이가 하나만 있는 경우가 많다 보니 너무 자기 위주로 키운 것 아니냐, 예의에 대한 교육이 부족한 것 아닐까 하는 이야기를 나누다가, 이런 얘기가 나왔다.

요즘 젊은 사람들이 너무 힘들어서 그렇단다. 과거 대비 사회가 발달하고 그때보다야 물질적으로 풍족한 건 당연한 사실이지만 요즘 세상이 오히려 더 만만치 않다는 것이다. 모든 가정이 풍족한 것도 아니고, 자기가 자기 것을 챙기지 않으면 아무도 챙겨 주지 않기 때문에, 자기 권리를 주장하지 않으면 그 권리를 대신 가져다주는 사람이 없기 때문에 더 악착같이 군다는 것이다.

그 이야기를 하면서 생각이 많아졌다. 나 나름대로는 학생들을 챙겨 준다, 생각해 준다, 이해해 준다고 생각했는데 그 아이들의 더 깊은 내면을, 더 깊은 고민을 이해해 주지 못했다는 생각에 자괴감이 들었다. 리더는 구성원들의 속 깊은 고민까지 고려하고 배려해 주어야 하는 자리에 있는 사람들이다.

역지사지한답시고 자신의 젊을 적 경험과 생각으로 지레짐작하면 큰일 난다. 구성원과의 신뢰 관계가 있다면 생각지도 못한 이야기를 듣게 될 수도 있다.

현재 조직의 리더인 X세대 관리자들이 1인당 GDP가 2천 달러도 안 되던 1980년대에 어린 시절을 보내고, IMF 외환위기 무렵 사회에 진출했다면, Z세대 사원들은 1인당 GDP 3만 달러를 넘어서 선진국에 진입한 시기에 취업 시장에 들어온 세대이다. 남아메리카 vs. 유럽에서 성장기를 보낸 정도의 차이일까?

ChatGPT 이미지 생성

이렇게 어마어마한 경험의 차이를 단순히 관점을 바꿔서 생각해 보자는 정도의 의지로 극복하기는 쉽지 않다.

VUCA? VUCA!!

VUCA라는 키워드는 비즈니스 환경과 구성원들 모두에게 예측 불가능한 방식으로 혼란을 가중시키기도 하지만 한편으로는 요즘 젊은 세대들의 성향을 잘 설명해 주기도 한다. ChatGPT에게 VUCA 환경에서 기업이 나아갈 방향에 대해 물어보았다.

- 민첩성과 유연성: 변화에 신속하게 대응할 수 있는 능력이 필요합니다.
- 시나리오 플래닝: 다양한 미래 시나리오를 준비하세요.
- 명확한 커뮤니케이션: 불확실성을 줄이고 의사 결정을 개선하기 위해 열린 커뮤니케이션을 유지하세요.
- 탄력성과 적응력: 충격을 견디고 바로 적응할 수 있는 운영 방식을 구축해야 합니다.
- 리더십: 리더가 비전을 가지고 적응력을 갖추어 불확실성과 복잡성을 극복해야 합니다.

ChatGPT의 대답이 항상 그렇지만 심히 상식적으로 말이 되고 모범생 답이다. 내가 원하는 답이 아니다. 아니 그러니까 리더십 그거 어떻게 해야 하는지 구체적으로 설명해 주면 안 될까? 갑갑하다.

VUCA시대의 리더십으로는 VUCA 프라임VUCA Prime을 생각할 수 있다.

VUCA 환경에는 VUCA 리더십으로!

V VOLATILITY ⟷ VISION

U UNCERTAINTY ⟷ UNDERSTANDING

C COMPLEXITY ⟷ CLARITY

A AMBIGUITY ⟷ AGILITY

출처: https://legacy.iftf.org/bobjohansen/; https://www.perfectlaborstorm.com/2017/08/vuca-prime/

VUCA 프라임VUCA Prime

VUCA 프라임은 경영조직론 학자 밥 요한센Bob Johansen이 『새로운 리더십 문해력The new leadership literacies』에서 제안한 프레임워크로 VUCA의 도전에 대응할 수 있는 긍정적인 리더십 역량을 설명한다.

변동성Volatility은 일관된 비전Vision으로

비전은 상황에 따라 좌우되지 않는 더 나은 미래에 대한 이미지와 방향성을 제공한다. 명확하고 일관된 비전에 근거한 큰 방향성은 급변하는 환경 속에서도 중심을 잃지 않게 해준다. 예를 들어, 고객의 고품질 휴식과 재충전을 통한 웰빙 향상이라는 명확한 비전을 구성원들이 강하게 공유하고 있다면 환경이 아무리 변화해도 큰 비전에 따라 구성원들은 일관성을 유지할 수 있다. 환경의 변화에 따라 전략을 다시 세우면 된다. 급격한 환경 변화에 두려움과 불안을 느끼기보다 가장 중요한 가치를 기반으로 결정을 내리고 업무를 진행하면 된다. 리더는 현실적이고 진정성 있는 비전의 중심에 서 있어야 한다.

아마존Amazon을 설립한 제프 베이조스Jeff Bezos도 경영에 있어 앞으로 5년, 10년 후의 변화를 예측하고 걱정하기보다는 고객들은 언제나 좋은 제품을 싼 가격에 사고 신속하게 받아 보고 싶어 한다는 변치 않는 가치에 집중하자는 비전을 제시한다.

불확실성Uncertainty은 상황에 대한 깊은 이해Understanding로

불확실성은 정보 부족에 기인하는 경우가 많다. 다양한 이해 관계자들과 충분히 의사소통을 하고 정보를 수집해 상황에 대한 이해도를 높이는 것이 중요하다. 비즈니스 환경에서 불확실성은 늘 존재한다. 따라서 불확실한 미지의 영역을 두려워하고 회피하는 것으로는 사업 자체가 불가능하다. 변화와 위기 상황에 끌려다니기보다는 적극적으로 주도해야 한다. 그렇다고 맹목적으로 들이대고 도전하는 것은 어리석은 일이다.

경쟁자, 고객, 유관부서를 포함한 조직 내·외부 관련자는 물론 구성원들과 적극적으로 대화하고 피드백, 아이디어, 의견을 수집해야 한다. 다양한 경로와 네트워킹, 그리고 정보 수집을 통한 데이터에 기반한 상황 이해는 불확실성에 대한 효과적 대응을 가능하게 한다. 이런 측면에서 경청, 공감, 그리고 이를 통한 긍정적 상호작용을 만들어 내는 것이 리더가 할 일이다.

복잡성Complexity은 명확화Clarity로

경영환경의 복잡성은 이리저리 서로 얽히고설켜 의사결정을 혼란스럽게 한다. 이 경우, 최대한 상황을 단순화시키고 명료화시켜야 한다. 복잡한 상황을 해결 과제로 두고, 관리가 가능한 부분들을 나누어, 어디에 우선순위를 부여하고, 당장 무엇을 해야 하는지를 명확하게 하는 것이 중요하다. 이 과정에서 다양한 요소의 움직임을 적극적으로 관찰하고, 문제 상황에 대한 핵심과 중요한 질문을 찾아내며, 지속적 모니터링을 통해 다양한 관점을 모색하여, 신속하게 문제를 해결해야 한다. 이때 리더는 복잡한 상황을 간단명료하게 정리하고 극복하는 문제해결 중심의 역할을 담당하여 비판적이고 창의적인 사고를 고도로 개발하고, 구성원들과 문제 해결 과정을 공유하면서, 명확하게 소통하고 협업해야 한다.

모호성Ambiguity은 민첩한 적응Agility으로

모호성은 비즈니스상의 인과관계가 분명치 않은 상태를 말한다. 이렇게 모호한 환경에는 민첩성으로 대응해야 한다. 민첩성은 상황변화에 맞추어 빠르게 적응하고, 업무 방향이나 전략을 유연하게 수정할 수 있는 능력이다. 어떤 방식이 유효할지 모르는 상황에서 다양한 방식을 적용하되, 신속하게 움직임으로써 주가서이고, 지속적 학습을 해야 한다. 빠른 테스트, 학습, 검증 및 조정이라는 과정의 반복으로 모호성에 대응해야 한다. 민첩성을 가진 리더는 구성원들에게 어떠한 상황에서도 최선의 판단을 내리고 효과적으로 업무를 추진할 수 있다는 신뢰를 줄 수 있다. 민첩성은 최근 전 세계적인 경영 트렌드로 자리 잡고 있는 애자일Agile 경영 방식과도 일맥상통한다. **리더의 신속한 결정과 민첩성**은 모호성을 극복하는 데 있어 가장 중요한 요소이다.

VUCA시대 리더는 불안해하고 길을 잃고 헤매는 구성원들에게 **강력한 구심점**이 되어 주어야 한다. 리더가 흔들리면 구성원들도 흔들린다.

- 변동성에는 장기적이고 실현 가능한 비전Vision으로 안정감을 불어넣고,
- 불확실성에는 상황에 대한 깊은 이해Understanding로 포괄적이고 통합적인 의미를 부여하고,
- 복잡성에는 핵심을 단순화시킨 명확함Clarity으로 문제 상황을 간단명료하게 만들어 주며,
- 모호성에는 신속한 결정과 민첩함Agility으로 대응하는 리더십을 발휘해야 한다.

위와 같은 VUCA 프라임을 적용함으로써 리더는 VUCA라는 도전적 환경하에서도 성장과 혁신, 전략적 우위를 확보하고, 적응력과 회복력을 가진 조직을 구축할 수 있다. 이를 통해 VUCA라는 챌린지를 성장의 기회로 전환시키는 적극적 리더십이 가능해진다.

반추력, 통찰력, 예지력

VUCA시대, VUCA세대를 이끌기 위해서는 리더에게 더욱 높은 역량이 요구된다. 특히 비즈니스 환경의 급변, 불확실성, 복잡성, 모호성을 고려할 때 상황 판단과 문제 해결을 위한 반추력, 통찰력, 예지력 모두가 필요하다.

반추력hindsight은 hind와 sight의 결합어로 **상황 발생 후 상황을 분석하고, 이해하고, 지각하는 능력**이다. 과거를 제대로 돌아보고, 명확하게 분석·이해하는 과정을 통해 학습하고, 그 학습을 통해 통찰력을 높일 수 있는 능력을 말한다.

통찰력insight은 in과 sight의 결합어로 **상황을 예리하게 꿰뚫어 보는 능력**을 말한다. 통찰력은 하루아침에 생기지 않는다. 수많은 경험과 전문지식, 그리고 분석 능력이 필요하다. 조직경영에 있어 작고 사소한 문제를 놓쳤다가 큰 문제가 생기는 경우가 상당히 많다. 당장 대수롭게 보이지 않아도 냉철하게 상황을 객관적으로 파악하고 향후 큰 문제가 될 것이라 판단되면 즉시 조치를 취해야 한다. 리더는 매 순간 작은 조짐을 꿰뚫어 보고, 주어진 **상황을 해결하는 데에 있어 반드시 필요한 킹핀**king pin**이 무엇인지를 판별**해 내는 통찰력을 가져야 한다.

예지력foresight은 fore와 sight의 결합어로 미래에 대한 정보를 수집 분석하여 **중장기 비전 및 전략, 그리고 현재 시점에서 가장 적절하고 구체적인 실천 방안을 도출하는 능력**이다. 리더는 통찰력을 넘어선 능력이 필요하다. 신내림을 받으라는 소리가 아니라 통찰력이 통찰력으로 끝나서는 안 된다는 말이다. 리더의 예지력이 힘을 발휘하기 위해서는 구성원들과 고객들의 적극적 참여와 의견 제시 및 피드백을 장려하고, 다양한 의견에 대한 열린 태도에 근거하여, 실천 가능한 대안을 도출하는 능력이 요구된다. 특히, 미래를 예측한다는 점에서 모든 변수들을 고려하는 **다학제적 접근 방법**multidisciplinary approach이 필

분석의 단계

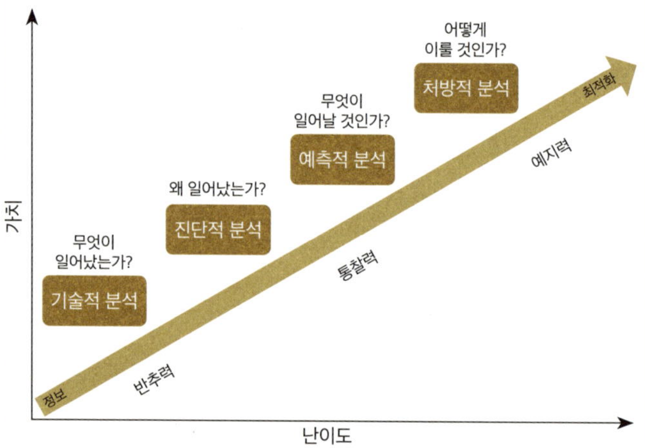

출처: https://tigosoftware.com/foresight-insight-hindsight-succeed-you-need-all-three

- 발생한 상황에 대한 기술descriptive analytics: 어떤 일이 발생했는가?
- 상황 발생의 이유 분석diagnostic analytics: 왜 발생했는가?
- 추후 발생할 상황의 예측predictive analytics: 향후 어떤 일이 발생할 것인가?
- 원하는 결과 도출을 위한 처방prescriptive analytics: 우리는 어떻게 해야 할 것인가?

요하다. 이러한 측면에서 앞서 제시된 VUCA 프라임에 따른 리더십이 도움이 될 것이다.

이 세 가지 능력(반추력, 통찰력, 예지력)은 상황을 인식, 설명, 예측하여 성과를 내기 위한 처방을 이끌어 내는 과정에서 각기 핵심적인 기여를 한다.

리더는 현재의 문제를 통찰하고, 다가올 미래를 분석하여, 새로운 비전 제시 및 실천 가능한 대안을 도출하는 모든 과정에 구성원들을 참여시키고, 아이디어 도출에 공헌할 수 있도록 하여야 한다.

이 과정에서 미래지향적 관점을 바탕으로

- 이미 수행된 업무에 대한 리뷰review만큼이나 진행할 업무에 대한 프리뷰preview가 중요하며
- 문제 발생 후 사후부검postmortem과 업무 시행 전 사전부검premortem을 동시 진행하고
- 이미 수행된 업무에 대한 피드백feedback과 함께 향후 진행할 업무에 대한 안내로서의 피드포워드feedforward를 해주는 것이 중요하다.

리더는 구성원들에게 함께할 미래에 대한 확신과 신뢰를 주고, 개인의 성장과 미래에 대한 뚜렷한 청사진을 가질 수 있도록 함으로써 그들이 미래에 대해 갖는 막연한 두려움과 불확실성을 해소해 주어야 한다.

미래지향적 관점에서 볼 때 통찰력과 예지력은 리더의 핵심 역량이다. 그러나 이러한 능력들이 과거 경험으로부터의 데이터 축적

및 지혜의 학습을 통해 형성된다는 점을 고려할 때, 반추력이 모든 지혜의 시작점이라는 것을 잊지 말아야 한다.

4 | 1사분면 리더십

긍정적 에너지 창출 리더

우울한 리더는 우울한 구성원들을 만든다.

리더는 **유쾌한 기운을 퍼뜨리는 분위기 메이커**여야 한다.

이 또한 리더의 역할이다.

First Quadrant Leadership

이 장에서는 구성원들의 열정적 업무 몰입이라는 챌린지에 중점을 두고, 그 해결책으로 "1사분면 리더십First Quadrant Leadership"을 제안한다. 이 새로운 유형의 리더십을 이해하기 위해서는 직장에서 구성원들의 정서가 어떻게 형성되는지, 어떤 정서들이 협력과 창의성 등의 성과에 도움이 되는지를 알아야 한다. 인간의 느낌feeling이라는 경험을 설명하기 위해 정서affect, 감정emotion, 기분mood 등 다양한 용어를 사용하고 있지만, 이 책에서는 **정서**를 감정이나 기분 등 다른 용어들을 모두 포괄하는 개념으로 사용하도록 하겠다.

정서의 동기부여 기능

구성원들의 긍정심, 열정, 에너지 레벨 등은 업무 동기와 업무 수행을 위한 노력에 직접적으로 영향을 미치는 요소들이다. 구성원 한 사람만이 아니라 팀 전체, 조직 전체 구성원들이 모두 긍정적 에너지로

더 보기

긍정적 정서가 뇌에 주는 영향

2014년 미국 로마린다대학교Loma Linda University에서 한 실험을 진행한다.

실험 내용

건강한 노인들을 두 그룹으로 나누어, 한쪽 그룹(연구 그룹)에 속하는 20명에게는 20분간 재미있는 비디오를 보여 주고 실컷 웃도록 하고, 다른 그룹(통제 그룹)에 속하는 노인들에게는 비디오를 보여 주지 않고 그냥 가만히 앉아 있도록 했다. 이후 양쪽 그룹 노인들의 단기 기억력과 스트레스 호르몬인 코티솔 수치를 측정한다.

실험 결과

비디오를 보면서 웃은 노인들이 가만히 앉아만 있던 노인들에 비해 단기 기억 테스트에서 더 좋은 점수를 받았으며, 코티솔 수치가 현격하게 낮아지는 것으로 나타났다.

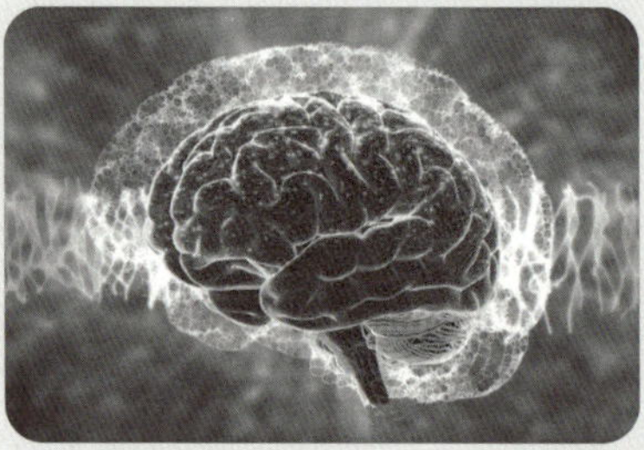

사람이 웃으면 뇌에서 엔돌핀과 도파민이 분비된다. 분비된 엔돌핀과 도파민은 뇌의 감마파 발생을 활성화시켜 신체의 면역체계를 강화하고 기억력을 촉진시킨다.

충만하다면 그보다 더 좋을 수는 없을 것이다. 구성원들의 마음과 태도를 긍정적인 방향으로 이끌어 사기와 동기를 향상시키기 위한 리더십의 구체적 방안을 탐구할 필요가 있다.

학계의 기존 연구들에 대한 종합 정리편이라고 할 수 있는 메타

연구meta-analysis들에서는 구성원들이 경험하는 긍정적 정서가 그들의 업무에 대한 지각, 태도, 동기는 물론, 업무노력, 친사회적 행동, 업무 성과, 창의성 등의 성과를 향상시킨다고 보고하고 있다. 반면 부정적 정서는 이러한 긍정적 결과들과 무관하거나 부정적인 결과를 만들어 내는 것으로 나타난다.

그럼 직원들이 긍정적 정서만 느끼도록, 부정적 정서를 느끼지 않도록만 하면 되는 것일까? 그렇지 않다.

직장에서 직원들이 긍정적 정서만을 느끼고 부정적 정서를 느끼지 않게 하는 것 자체도 불가능한 일인데, 인간의 정서라는 것이 우리가 생각하는 것보다 훨씬 더 복잡하다.

미국 보스턴칼리지Boston College의 제임스 러셀James Russel 교수는 **원형감정모형**circumplex model of emotion을 통해 인간이 경험하는 정서를 긍정 혹은 부정의 유인가valence와 활성화 정도activation를 두 축으로 네

원형감정모형은 인간의 정서를 1사분면에서부터 4사분면까지 사분면으로 구분하고 있다.

구성원들의 성과에 가장 도움이 되는 정서상태는?

개의 사분면으로 구분하였다. 학계의 현재 시점까지의 연구 결과를 종합해 보면, 원형감정모형은 복잡하지 않으면서도 가장 효율적으로 인간 정서를 설명하는 이론적 도구로 평가받고 있다.

연구 결과에 따르면:

1사분면(활성화된 긍정성): 긍정적이면서 에너지 수준이 높은 구성원은 열정과 능동성을 바탕으로 일상적 업무는 물론 창의성과 혁신에서도 높은 성과를 낸다.

- 업무에 적극적
- 시키지 않아도 업무에 집중
- 자신감에 차 있어 혁신과 같이 다소 위험이 따르는 활동에도 능동적

ChatGPT 이미지 생성

조직 입장에서 가장 바람직하고 데리고 있고 싶은 구성원이라고 할 수 있다.

2사분면(활성화된 부정성): 높은 부정적 에너지를 가진 구성원은 업무와 조직에 대한 불편함과 불만을 숨기지 않기에 조직 분위기에 안 좋은 영향을 줄 수 있다. 그러나 현재의 문제점들에 민감하게 반응하고, 개선안을 낼 기회를 주면 누구보다 많은 제안을 하고 기존의 문제점들을 해결하고자 하는 의지를 보인다. 현재에 대한 불만은 개선의 시발점이다. 단 불만의 정도가 지나치게 심하면 조직과 당사자 모두를 위해 부서 이동을 포함한 전면적인 조처(퇴사, 전직)까지 현실적 대안을 고려할 필요가 있다.

3사분면(비활성화된 부정성): 에너지가 낮은 상태의 부정성을 보이는 구성원들은 스스로도 의욕이 없지만, 주변 다른 사람들에게도 부정적 영향을 줄 수 있다.

의기소침 및 우울 상황이기 때문에 업무에 적극적으로 임하고 창의성을 발휘하여 개선을 주도할 수가 없다. 해야 할 일에만 집중하고 소극적이다. 이런 성향은 동료들까지도 힘 빠지게 만드는 경우가 많다.

4사분면(비활성화된 긍정성): 마지막 4사분면의 정서 경험을 하는 구성원들은 긍정적이기는 하지만 에너지 수준이 낮아서 업무에 열정적이지 않다. 왜? 이미 충분히 편하고 여유롭고 만족스럽기 때문이다. 무엇을 더 해야 할 필요성도 느끼지 못할뿐더러 더 나아가 현재의 만족 상태를 위협하는 그 무엇도 발생해서는 안 된다고 생각한다.

이들은 3사분면 구성원들처럼 부정적인 정서를 퍼뜨리지는 않지만, 업무에 적극적이거나 협조적이지도 않아서 일은 하지 않으면서 그냥 편하게 지내려는 **무임승차자**free rider가 되기 쉽다. '피곤하게 뭣하러'라는 태도로 본인과 팀 모두의 동기를 저하시킬 수 있는 위험이 큰 이들이다. 3사분면의 우울한 동료보다 4사분면의 혼자 해피한 동료가 더 얄밉다. 혼자만 세상 편하다.

결론은? 3사분면, 4사분면 둘 다 성과에 좋지 않다.

리더의 감정 전염

이제 직장에서 구성원들의 정서경험이 어떻게 형성되는지 살펴보자.

정서적 사건반응이론 Affective Event Theory, AET은 업무환경과 직장생활에서 느끼는 기분과 감정이 구성원들의 태도와 성과에 미치는 영향

정서적 사건반응이론

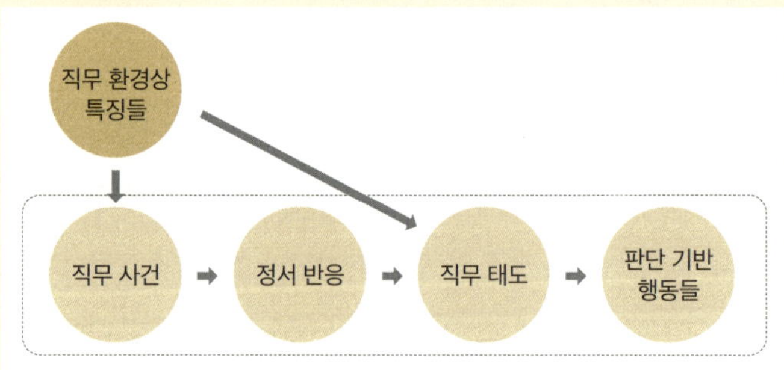

출처: https://ko.wikipedia.org/wiki/정서사건이론

을 이해하는 데 유용한 이론으로 조직심리학자 하워드 와이스Howard Weiss와 러셀 크로판자노Russell Cropanzano에 의해 개발되었다.

이론 개요: 직무 환경상 특징들은 구성원들이 매일 겪는 직무 사건에 영향을 주고, 이 과정에서 구성원들은 긍정적 혹은 부정적 감정을 경험한다. 그 감정들은 결과적으로 구성원들의 태도 및 행동들에 영향을 미친다.

직원들의 정서반응은 직무환경의 특성과 직무관련 사건들에 의해 발생하는데, 리더들은 직원들의 업무환경을 조성하는 데에 있어 핵심적 역할을 한다.

왜? 사사건건 주요한 업무사건에 리더가 모두 개입하기 때문이다. 따라서 구성원들이 직장에서 느끼는 정서에 가장 큰 영향을 주는 존재가 바로 리더이다.

특히 주목할 점은 리더의 심리상태가 팀 전체로 빠르게 전파되고 전염된다는 점이다. 이를 **감정 전염**emotional contagion이라 일컫는다. 사람들은 자신도 모르는 사이에 다른 사람에 의해 감정 전염을 경험한다. 부정적이고 우울한 사람과 같이 있으면 자기도 기분이 가라앉고, 밝고 명랑한 사람과 있으면 덩달아 즐거워진다. 사람들은 이야기를 하면서 자신도 모르게 상대의 얼굴 표정을 따라하고, 심지어 호흡, 심박수, 호르몬 수치 등 생리적인 기능까지 영향을 받는다.

"우리 뇌에는 거울 뉴런이라는 신경세포가 있다. 이 거울 뉴런을 통해 다른 사람의 행동을 보는 것만으로도 따라하거나 공감하게 된다."

"사람들은 타인의 표정을 무의식적으로 모방하는 경향이 있는데, 이는 상대의 감정에 따라 적절하다고 여겨지는 사회적 반응을 취하기 때문이다."

_인지 과학 트렌드 저널

리더와 구성원들 사이에서 감정 전염은 상당히 강하게 일어난다. 특히 조직에서 리더의 권한과 역할을 생각할 때, 구성원들은 리더의 일거수일투족에 촉각을 곤두세울 수밖에 없다.

'**CEO가 기침을 하면 임직원들은 몸살로 앓아눕는다**'는 말이 있다. 같은 조직일지라도 누가 리더가 되느냐에 따라 분위기와 성과가 달라지는데 이는 직원들이 늘 리더를 의식하고 바라보며 감정 전염을 경험하기 때문이다.

가정에서 부모가 아이들의 거울이 되어 아이들의 태도와 세계관을 형성하듯 조직에서 리더는 구성원들에게 거울이 된다. 리더가 보이는 정서, 직무에 대한 의미 부여, 조직 상황에 대한 인식, 직업의식 등 감정, 사고방식, 철학, 행동 등 모든 것을 구성원들은 **무의식적으로 배우고 따라한다.**

사회학습이론에 의거한 **관찰학습**observational learning의 관점에서 구성원들은 '**리더의 따라쟁이들**'이다. 구성원들이 자신의 말투와 억양 및 태도 등을 따라할 때 자신의 모습을 나와 분리해 떨어뜨려 놓고 객관적으로 보게 되는 경우가 있다. '나랑 똑같이 하네'라는 생각이 들 때가 문득 있을 것이다. 구성원이 나를 따라하는 모습을 보면서 깨달음을 얻는 눈치 빠르고 센스 있는 리더가 되자.

더 보기

리더의 기분이 집단에 미치는 영향

미국 펜실베이니아대학교 경영대학원 와튼스쿨의 시걸 바르세이드Sigal Barsade 교수는 학생들에게 팀을 이루어 리더십 과제를 수행하는 실험을 한다. 실험에 참가한 학생들은 돌아가며 팀 리더의 역할을 맡았다.

실험 내용 1

바르세이드 교수는 학생들 모르게 각 팀에 배우를 투입해 리더 역할을 맡긴다.
투입된 배우는 어떤 팀에서는 자신만만한 감정을 표현했고, 또 다른 팀에서는 비관적인 감정을 드러냈다.

실험 결과 1

배우가 긍정적인 기분을 드러낸 팀의 경우 팀 분위기가 좋아지고, 학생들 간 의사소통이 활성화되며, 협력적인 태도를 보이며 팀 내 갈등이 나타나지 않았다.

바르세이드의 교수 이외의 다른 여러 실험들에서도 이와 비슷한 결과를 보고하고 있다.

실험 내용 2

표현력이 풍부한 사람 1명과 무뚝뚝한 사람 2명을 한 팀으로 구성한다.
그리고 2분 동안 대화 없이 서로 바라보게만 한다.

실험 결과 2

2분 후, 무뚝뚝한 사람들의 감정이 표현력이 풍부한 사람의 감정에 동화되는 현상을 보였다. 특히 표현력이 풍부한 사람이 짜증을 내거나 화를 내는 등 부정적 감정을 드러낼 때 무뚝뚝한 사람에게 감정 동화(같이 짜증을 내거나 화를 내는) 현상이 더욱 뚜렷하게 나타났다.

1사분면 리더십 효과

지금까지 구성원들이 직장에서 느끼는 정서의 중요성과 어떠한 정서가 바람직한지 살펴보았다. 이제 리더로서 내가 할 수 있는 일이 무엇인지 생각해 보자. 1사분면 구성원을 만들기 위해서는 리더가 먼저 **1사분면 리더십**을 발휘해야 한다.

구성원들은 리더의 모습을 그대로 따라한다는 것을 절대 잊어서는 안 된다. 리더는 **유쾌한 기운을 전달하고 팀 내에 퍼뜨리는 분위기 메이커** 역할을 해야 한다.

한 여성의류 회사에서 306명의 지점장들과 1,615명의 직원, 5만 7,657명의 고객들을 대상으로 설문조사를 실시했다. 그 결과 지점장의 만족도가 구성원과 고객의 만족도뿐 아니라 실질적 매출에까지 영향을 미친다는 사실이 드러났다. 7단계로 측정된 지점장의 업무 만족도가 1단계씩 높아질 때마다 매출이 약 5.07%씩 상승한 것으로 나타났다.

직접 고객을 상대하지 않음에도 불구하고 지점장의 기분이 좋으

면 판매직원들의 기분이 좋아지고, 그들의 만족도가 높아지면서 고객 서비스가 좋아져 결국 매출에 긍정적 영향을 미쳤을 것이라는 것이 연구진의 설명이다.

'펀fun 리더십'이라는 것이 등장한 것도 이와 맥락을 같이한다.

사람은 웃을 때 긴장이 이완되고 부교감 신경이 활성화되면서 엔돌핀을 분비한다. 엔돌핀은 몸 속에서 분비되는 천연 진통제로 모르핀보다 300배나 강한 진통효과를 가지고 있다. 따라서 웃을 때 몸 속에서 분비되는 엔돌핀은 스트레스를 감소시키는 데 큰 효과를 가진다.

이 글을 읽다 보면

- "내가 팀장이지, 개그맨이냐?"
- "나 살기도 바쁜데 누굴 웃기라는 거야?"
- "이제 내 밑에 있는 구성원들 눈치까지 보고 살아야 하냐?"

라는 생각이 광속으로 머리를 스쳐 가는 독자들도 있을 것이다.

정말 그렇게까지 해야 해? 정말 그렇게까지 해야 좋은 리더가 될 수 있다. 선택의 문제가 아니라 좋은 리더가 되기 위한 자질과 능력이다. 현대사회에서 요구하는 리더가 갖추어야 할 요구사항이 그만큼 높아졌다. 옛날 옛적 집에서 "밥 안 굶기고, 학교 보내 주는 게 어디야? 이 정도면 훌륭한 부모지"는 백만 년 전 일이 된 것과 같다.

보통 직장인들이 듣는 말은 직장에서 받는 스트레스, 욕 먹는 것,

VS.

ChatGPT 이미지 생성

그런 것들 모두가 다 월급에 포함된 것이라고. 같은 논리가 리더에게도 작용한다.

리더는 일반 팀원들보다 월급이 더 높다. 리더들의 월급이 더 높은 것은 리더로서의 역할을 해야 하기 때문이다. 팀원들보다 높은 리더의 월급에는 다양한 역할과 요구에 부응해야 하는 의무가 포함되어 있다는 것을 기억해야 한다.

2사분면 리더십의 폐해

리더가 한 가지 분명히 알아야 할 사실이 있다. 긍정적 감정 전염보다 부정적 감정 전염이 훨씬 더 빠르고 강력하다는 것이다. 그래서 1사분면 리더십보다 훨씬 강력한 것이 2사분면 리더십이다. 문제는 심히 부정적으로 영향을 미친다는 데에 있다.

직장생활을 하다 보면 상사들이 화내는 모습을 자주 볼 수 있다.

비꼬는 말투부터 시작해서 얼굴과 목까지 벌개져서 고래고래 고함을 지르는 모습까지, 화를 내는 형태도 가지각색이다. 리더의 거친 말과 분노 표출은 직장 분위기를 숨 막히게 만든다.

리더는 절대 자기 감정에 동요되고 휩쓸려서는 안 된다. 구성원들 앞에서 자기 감정조절self-emotion control에 실패해 격분하는 순간, 리더로서의 품위는 사라지고 구성원들과의 신뢰는 저 멀리 사라진다.

리더의 앞뒤 분간 못하는 언행에 구성원들의 영혼은 이미 저 밖으로 도망가고, 몸만 책상 앞에 남겨 둔 꼭두각시가 된다. 심각한 정서노동의 부담으로 넋이 나간 팀원들이 일을 제대로 할 리 만무하다.

리더가 격분을 하며 부정적 감정을 표출하면, 팀원들도 같이 부정적 감정이 생기면서 분노를 느끼게 된다.

대놓고 같이 소리를 지르지는 못하지만 직원들의 마음 속에는 이미 총성이 일어난다.

울화가 치밀어 거친 말이나 욕이 나올 것 같으면 잠시 시간을 가졌다가 얘기하는 것이 좋다. 부정적 감정이 폭발하지 않게 스스로 분노를 억누를 시간을 가지는 것이 필요하다. 리더는 직원들과의 관계에서 현명하고 지혜롭게 그리고 조심스럽게 처신해야 한다.

입에서 거친 말을 쏟아내기 전, 왜 그랬냐고 몰아붙이기 전, 넌 왜 항상 그 따위냐고 소리지르기 전, 그 일이 왜 발생했는지 전·후 사정을 침착하고 냉정하게 그리고 객관적으로 파악해야 한다. 리더로서 적합한 언행의 무게를 가져야 한다. 과거 왕실, 명문가에서 언행을 조심했다는 것을 떠올리면 이해에 도움이 될지도 모르겠다.

ChatGPT 이미지 생성

'내가 이 말까지 해야 돼 말아야 돼'라는 선택의 순간이 있다면 하지 않는 것이 좋다.

사람의 말 한마디는 깊은 상처를 남기고, 그 상처는 우리가 생각하는 것보다 훨씬 더 오래 마음의 생채기와 앙금으로 남는다.

한 번 생긴 앙금은 여간해서는 풀어지지도 않는다.

리더는 말을 아끼는 것이 좋다. 불필요한 잔소리와 생각없이 툭 내뱉는 한마디는 관계를 악화시키고 신뢰를 깨뜨린다.

구성원의 실수나 잘못된 언행이 초래하는 개인적 불이익과 팀에 미치는 악영향에 대해 분노하여 길길이 날뛰는 경박한 행동은 삼가야 한다. 대신 감정을 철저히 배제하고 담담한 태도로 구체적이고 현실적인 대처 방안과 개선 사항 위주로 이야기를 이끌어야 한다. 아무리 맞는 말이라도 고성이 오가고 누군가 나를 탓하면 일단은 심사가 뒤틀어지고 삐딱선을 타는 것이 사람이다. 미숙한 아이들만 그런 것이 아니다. 남녀노소를 가리지 않고 사람은 이러한 부정적 심리반응에서 자유롭지 않다.

윽박지르고 지적질만 해대는 상사와 일하는 구성원들은 안 좋은 상황이 생길 때마다 거짓말로 모면하고 변명으로 일관하게 되고, 상호신뢰는 물 건너간다. 매 순간 내 모든 속을 다 드러낸 채 사람들과

더 보기

정서지능 6초 규칙Six Seconds Rule of Emotional Intelligence

난 부처가 아니다. 어떻게 해야 감정을 잘 통제하고, 2사분면의 악성 바이러스 리더가 안 될 수 있을까?

우리 속담에 참을 인忍 세 번이면 살인도 면한다는 말이 있고, 뇌 과학 연구에서는 정서지능 '6초 규칙'이 있다. 부정적 감정, 격렬한 감정인 경우에도 6초 이상 지속되지는 않는다는 것이 뇌 과학 연구에 기반한 주장이다.

격렬한 분노와 짜증을 느끼더라도 6초만 참고 적절한 대응방안을 생각하면 스스로를 통제하고 충동적이고 폭력적 반응을 피할 수 있다. 분노에 즉각 반응해서 '버럭!' 하지 말고, 6초만 자신에게 시간을 주어

리더로서 성세되고 세련된,
그리고 품위 있고 사려 깊은 격에 맞는 행동을 하자.

화가 나거나 위급한 상황에서 분비되는 에피네프린이나 노르에피네프린과 같은 스트레스 호르몬들도 분비된 후에는 빠르게 분해되어 보통 10~20초 정도면 원래 수준으로 되돌아간다. 분노가 폭발할 것 같으면 일단 자리를 피해 다른 생각을 하든, 딴짓을 하든 해보자. 노래를 부르는 것도 한 가지 방법이다. 도저히 안 되겠으면 그냥 심호흡을 세 번 정도만 해도 상황이 나아진다. 담타(담배타임)를 가지라는 권유는 건강상의 이유로 하지 않겠다.

ChatGPT 이미지 생성

'6초 규칙'을 마음에 각인시켜라. 리더가 분노조절장애를 극복하고 평정심을 유지하는 데 큰 도움이 된다. 6초의 여유를 가짐으로써 한발 물러서서 상황을 평가하고 보다 합리적이고 똑똑한 선택을 할 수 있다. 리더는 정서지능을 활용한 마음챙김과 자기조절을 통해 건설적인 방식으로 대응해야 한다.

관계를 맺을 수는 없다. **리더는 지켜야 할 품위와 품격이 있다.** 겉으로 우아한 척 고상을 떨라는 것이 아니다. 위선이 아닌 진정한 품격을 지녀야 한다는 것이다.

2사분면 리더십은 최대한 피하자. 구성원들의 웰빙은 물론 성과에도 부정적인 영향을 준다. 2사분면 리더가 되는 순간, 나의 리더로서의 역량과 자질은 저~밑바닥을 향해 곤두박질친다.

그럼 3사분면이나 4사분면 리더십이 나은 것이냐 하면 그것도 꼭 그렇지는 않다. 무슨 얘기냐?

긍정적이든 부정적이든 리더의 에너지 수준이 낮으면 구성원들의 동기, 성과, 창의성에 **부정적인 영향**을 줄 수밖에 없다. 리더가 우울해서 의기소침하거나 그냥 편안하니 늘어져 놀자고 하면 절대 성과가 나지 않는다. 구성원들도 리더도 무조건 1사분면을 지향해야 한다.

1사분면 리더십의 구현

리더가 1사분면 리더십을 발휘하면 업무 분위기가 긍정적으로 활성화되고, 이를 통해 구성원들도 에너지를 얻어 건설적 일탈과 창의성, 적극적인 업무 참여와 의견 제시를 하게 된다. 리더는 **'좋은 감정의 촉진제'**도, **구성원들을 망가뜨리고 조직에 해를 입히는 '악성 바이러스'**도 될 수 있다. 구성원들에게는 리더가 바로 '회사'이다.

내가 그들의 세상을 밝게도 암울하게도, 행복하게도 절망스럽게도 만들 수 있는 존재라는 것을 항상 염두에 두고 행동하자.

1사분면 리더십 체크 리스트

- 나는 내 자신의 가치체계, 동기, 관점, 상황 해석, 기분, 정서가 구성원들에게 전이된다는 것을 항상 명심하고 있다.
- 나는 구성원들과의 미팅 전에 항상 긍정 에너지를 충전한다.
- 나는 구성원들과의 의사소통에서 항상 적극적이고 긍정적인 관점과 자세를 보인다.
- 나는 늘 긍정적 에너지를 표출한다.
- 나는 구성원들이 내 눈치를 보는 데 에너지를 소모하지 않도록 배려한다.

1사분면 리더를 위한 구체적 행동 지침에 대한 힌트는 사회생활, 조직생활, 처세기술 등의 영역에서 가장 인기 있는 고전인 데일 카네기Dale Carnegie의 저서 『인간관계론』에서 찾을 수 있다. 물론 카네기의 제안들이 뻔한 이야기 같기도 하지만 카네기의 접근법이 지난 백여 년간 가장 널리 활용된 것은 그 나름의 타당성이 있기 때문일 것이다.

더 보기

카네기의 인간관계론: 사람들을 내 편으로 만드는 방법

자기계발 분야의 선구자 데일 카네기는 『인간관계론』에서 긍정적 인간관계 구축을 위한 다양한 원칙들을 제시한다. 그중 리더가 1사분면 리더십을 발휘하기 위해 활용할 수 있는 몇 가지 핵심 원칙을 살펴보도록 하겠다.

비판은 가장 위험한 습관이다.

비판이 비판으로 들리는 순간 구성원들은 자신을 보호하기 위한 방어 태세를 취하고 자신을 정당화하기 바쁘다. 꼭 해야 한다면 간접적으로, 기분 나쁘지 않게, 적당한 타이밍을 찾아서 지혜롭게 해야 한다. 즉 비판이 아니라 조언으로 들리게 해야 한다.

- 항상 자신의 단점만 지적하는 사람
- 항상 비판만 하는 사람
- 항상 깐죽대는 사람
- 사사건건 트집만 잡는 사람

이런 사람의 말은 절대 먹히지 않는다.
완전 비!호!감!
딱히 의도가 없어도 말을 요상하게 사납고 못되게 하는 사람들이 있다. 이런 사람들은 입을 벌리는 순간 적을 만든다. 듣기 거슬리는 말을 할 바에는 차라리 입을 닫아라.

상대방이 원하는 것을 간파하고 콕 짚어 주어야 한다.

대표적 동기이론의 하나인 브룸Victor Vroom의 기대이론expectancy theory에서도 성과에 대한 보상은 그 사람이 추구하는 가치, 최종 목표와 연관되어 상대가 원하는 것을 주어야 동기유발의 효과가 제대로 발휘됨을 강조한다. 즉, 사람의 마음을 움직이기 위해서는 그 사람이 가장 필요로 하는 것, 원하는 것을 주라는 소리이다. 물고기를 잡을 때에도 미끼는 어부가 좋아하는 것이 아닌 물고기가 좋아하는 것을 써야 한다.

저자는 학생들에게 종종 작은 선물이나 먹을 걸 사주는데, 미리 취향을 물어본다.

- 커피는 아아인지 카페라떼인지
- 화장품은 미백, 모공, 주름 중 어디에 제일 관심이 있는지
- 초콜릿은 다크, 밀크, 헤이즐넛 중 어느 것을 제일 좋아하는지
- 상처가 나서 흉터가 생길 것 같은 학생을 보면 흉터연고를 선물한다.

먹힌다! 자~알 먹힌다~!! 먹히길 바라고 일부러 하는 것은 아니지만 학생들이 상당히 좋아한다. 리더가 구성원들을 챙기는 것도 마찬가지다. 구성원이 제일 원하는 것이 무엇인지 알아채는 센스가 필요하다. 꼭 선물을 이야기하는 것이 아니다.

- 경력개발에 관심이 있는지, 어느 분야에 관심이 있는지, 단기적 목표는 무엇인지,
- 보상이라면 승진인지, 인센티브인지, 휴가인지,
- 지금 제일 절실하게 필요한 것이 무엇인지

구성원이 가장 원하는 걸 알아야 가장 큰 도움이 되는, 효과 만점인 무엇인가를 해줄 수 있다. 어차피 해줄 것이라면 생색만 내지 말고, 구색만 갖추지 말고, 구성원들이 필요로 하는 것, 좋아하는 것을 제대로 해주는 것이 똑똑한 리더의 자세다

사람은 누구나 다 대접받고 인정받고 싶어 한다.

상대방을 존중해 주어야 한다. 약점은 괜찮다고 위로해 주고, 그것이 약점이 아닌 강점으로 활용될 수 있는 측면을 이야기해 주자. 그리고 상대방이 자랑스럽게 생각하는 부분을 더 칭찬하고 격려해 주자.

- 저자들도 외국 학생들이 이메일을 할 때 Professor 나 Dr.라는 호칭 대신 Mr., Ms., Mrs. 등의 호칭을 쓰면 기분이 요상하게 나쁘다. 상대방을 잘 모르는 상황에서는 최대한 예의 바르게, 공식적으로 접근하는 것이 안전하다.
- 한국에서는 대학교수라고 하지 선생님이라는 표현은 잘 하지 않는다. 중국에서는 대학교수에게도 선생님, 행정 직원에게도 선생님, 다 선생님이라고 부른다. 학생들끼리 있을 때는 '선생님' 호칭도 빼고 이름만 부르는 경우도 있다. 10년을 넘게 중국에 살아도 적응이 안 된다. 적응이 안 된다기보다는 여전히 유쾌하지 않다. 상대방의 문화적 선호도 역시 고려 대상이다.
- 예전에 은행에서 근무한 친구에게 들은 이야기다. 직급은 같고 나이가 어린 사원이 있었는데, 그가 'OOO씨~'라고 부르는 것이 상~~당히 불쾌했다고 한다. 싸가지가 바가지라고 투덜댔다. 젊은 꼰대라서 그런 것은 아니라는 생각이 든다.
- 사람은 진심으로 자기를 생각해 주는지, 생각해 주는 척! 쇼를 하는지, 아예 관심 밖인지 다 느낀다. 항상 상대방의 취향에 민감해지자.

역사상의 큰 인물들만 이런 빅 에고big ego를 가지고 있을까? 아니다!

웃는 얼굴로 다가가라.

미소는 가장 큰 호감을 불러일으키는 요소이다. "웃는 얼굴에 침 못 뱉는다"라는 말이 있다.

무뚝뚝하고 무표정하거나 인상을 찌푸리고 있는 사람 vs. 웃는 얼굴로 반겨 주는 사람. 어느 쪽으로 발길이 향하겠는가? 사람 마음 다 똑같다. 동기 교수 중 항상 웃는 얼굴로 다니는 교수가 있었다. 나랑 이해관계가 딱히 없었는데도 호감이 가고 만나면 유쾌해졌다. 그래서 마주치면 기분이 좋아졌다.

그러다가 어느 날 문득 전공주임이 된 그 교수의 얼굴에서 예전의 미소와 밝은 표정이 사라진 것을 깨닫게 되었다. 주임이 되었으니 권위와 체면을 차리고, 근엄하게 보여야 한다고 생각했을까? 사람이 완전히 바뀌면서 호감이 사라지고 단점들이 눈에 띄기 시작하였다.

칭찬에 인색하지 마라.

사람들은 칭찬에 인색한 경우가 많다. 칭찬하는 것을 쑥스럽게 생각하지 마라. 칭찬도 기술이다. 대단한 칭찬이 필요한 게 아니다.

- "오늘 발표 내용 좋더라"
- "오늘 입은 옷이 잘 어울리네"
- "시간개념 칼이네" 등

먹힌다!! 진~~짜 잘 먹힌다!!

자신의 실수와 잘못을 인정하라.

사람들은, 특히 리더들은 잘못을 인정하고 사과하는 일에 매우 인색하다. 그러나 사과는 관계에 있어 가장 중요한 부분이 될 수 있다.

리더도 사람이다. 실수할 수 있다. 실수와 잘못에 대한 인정, 그리고 사과는 빠를수록 좋다. 방송용 대국민 사과를 하라는 것도, 허리를 90도로 굽혀서 사과하라는 것도 아니다.

- "아이고, 이거 내가 놓쳤네~ 미안~~!!"
- "허걱, 이거 내가 잘못 보냈네~ 미안~~!!"
- "요거 내가 실수했네~ 미안~~!!"
- "이번에 이걸 깜빡했네~ 미안~~!! 다음에도 내가 잊어버리면 remind 시켜 줄래?"

이런 식으로 가볍게 이야기하면서 도움을 요청하는 것도 좋은 방법이다.

구성원의 역린을 파악하고 절대 건드리지 마라.

역린은 용의 목 아래에 있는 '거꾸로 배열된 비늘'로 그것을 건드리면 용은 반드시 그 사람을 죽인다고 알려져 있다. 중국 춘추전국시대 법가 사상서 『한비자韓非子』에 나오는 고사로 왕의 노여움을 말할 때 사용된 단어다.

왕뿐만이 아니다. 누구에게나 절대로 건드려서는 안 되는 부분이 있다. 그게 자존심이든 체면이든 가족이든, 건드리는 순간 철천지원수가 된다.

5 시너지 창출 리더십

구성원들의 발언 유도 리더

구성원들이 자기 앞에서 편하게 자신의 의견과 입장을

이야기할 수 있게 해주는 리더,

구성원들의 입을 여는 리더가 되어야 한다.

Synergistic Leadership

이 장에서는 구성원들의 발언을 유도함으로써 팀과 조직의 집단지성collective intelligence을 향상시키는 시너지 창출 리더십에 대해 이야기하고자 한다.

이론적으로 팀과 조직은 상호 노력과 협조를 통한 **긍정적 시너지**positive synergy**인 플러스 알파**+ α를 강조한다. 따라서 집단 노력을 통한 성과는 **각 개인 성과의 합**the sum of the individual inputs **이상**이어야 한다.

대부분의 현실 리더들은 말로는 "자발적으로, 적극적으로, 언제든지 의견을 내라"고 하면서, 실제로는 "시키면 시키는 대로 해라, 시키는 거나 잘해라"라는 암묵적 압박을 한다. 구성원들은 눈치가 보이고, 이 말을 해도 되나 싶고, 잘못 말했다가 혼자 뒤집어 쓸 것 같고, 불편한 책임을 져야 할 것 같은 강한 느낌을 받으며 결국 **순응과 침묵의 미덕**을 발휘한다. 물론 여기서 침묵은 할 말이 전혀 없다거나 진적으로 동의한다는 뜻이 아님은 분명하다.

이 순간, 집단이 개인 성과의 합 이상의 시너지, 플러스 알파, 그래서 집단과정을 통한 이점process gain을 얻는 것은 불가능해진다. 특히 나 앞서 다룬 VUCA 경영환경에서 구성원들이 침묵의 미덕을 발휘하는 순간 조직은 무너지기 시작한다.

사회적 영향력이라는 장애물

인간은 모두 다르다. 독특한 개성을 가진 존재라는 말이다. 이 개성이 적절히 발휘되어야 팀과 조직에 시너지 효과가 생긴다. 그런데 집단에 소속되는 순간 구성원들의 개성이 약해지거나 아예 없어지는 이상한 일이 벌어진다. 이를 조직행동학에서는 몰개성화deindividuation, 군중효과crowd effect, 동조conformity, 복종obedience 등의 용어로 설명한다. 모두 인간행동human behavior에 대한 사회적 영향력을 지칭하는 말들이다.

심리학에서는 이런 현상을 보여 주는 대표적인 고전 실험이 있다. 바로 솔로몬 애쉬의 동조 실험conformity experiment이다.

폴란드계 미국인으로 사회심리학의 선구자인 솔로몬 애쉬Solomon Asch는 집단 속에서 구성원들이 불안정을 피하고 집단의 일원으로 받아들여지기 위해 어느 정도 보편적 규범에 순응하고 동조하는지를 알아보는 선분 실험을 했다.

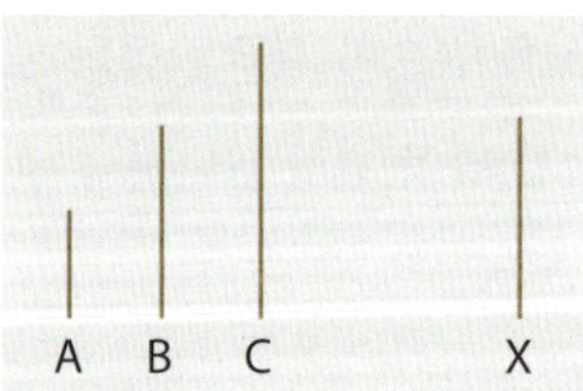

실험에서 제시된 문제는 아주 간단하다. A, B, C 중 X와 가장 길이가 비슷한 선은 무엇인가요?

정답은?

당연히 B다. 그런데 이 쉬운 문제를 여러 명이 모여서 진행하면서 상황이 요상하게 돌아간다. 왼쪽에 있는 사람부터 차례대로, 앞의 다섯 명의 실험참가자들(연구소교들)이 C라고 대답한다.

이제 여섯 번째 자리에 앉은 내 차례.

"어떻게 하지?" 다리를 떨며 고민하기 시작한다.

실험 결과, 실험 참여자(남성 대학생 123명, 평균 20세) 중 75%가 C라고 대답했다. 정답이 뻔한데 어라! 엄한 소리를 한다!

이 결과가 납득이 되지 않아 수많은 후속 실험들을 해보았으나 결과는 같았다. 사람들은 집단 내에서 사회적 압력에 굴복하며 다수의 의견에 동조하는 행동을 보였다.

"사람들은 사회적으로 고립되는 것을 두려워하고 고립을 피하기 위해 동조한다"

집단에 대한 동조 성향은 진화론적으로 매우 타당한 선택이고, 개체의 생존에도 큰 도움이 되었을 것이다. 특정 사회 집단에서 다수에 속하지 못하면 생존에 큰 위협이 된다. 한 부족 안에서도 파벌 싸움이 생기면 '쪽수'가 많은 편에 가서 붙어야 한다.

"이기는 편 우리 편!"

태어난 지 얼마 안 된 아기들도 사람들이 모여 있는 곳으로 기어가려고 하고, 다른 아기들이 가지고 노는 장난감을 더 좋아한다. 다수를 따라가는 것은 인간의 본능이다. 물론 조직에서는 숫자로서의

더 보기

코카콜라 스톡옵션 상정안

때는 2014년. 코카콜라 경영진이 임직원들을 위한 스톡옵션 계획을 이사회 안건으로 상정한다. 대주주 한 사람이 소리를 지르면서 격렬히 반대한다.

- 주주들의 지분 가치를 대폭 하락시키고
- 경영진의 탐욕을 불러일으키기 때문에
- 주주들의 이익을 보호해야 한다는 게 핵심 주장.

그는 당시 스톡옵션을 '로또'라고 칭하며 격렬하게 비판했고, 코카콜라 주식의 약 9퍼센트를 보유한 대주주로 의사결정에 큰 영향력을 미칠 수 있는 위치에 있었다. 그런데 정작 이사회 투표에서 그는 반대표를 던지지 않고 기권을 한다. 그 사람은 바로 역사상 가장 위대한 투자자로 불리는 워런 버핏Warren Buffett.

그가 스톡옵션 계획에 투표하지 않은 이유는?

"이건 저녁 식탁에서 트림을 하는 것과 비슷합니다.
트림을 너무 자주 하면 안 된다는 뜻이에요.
그러다가는 주방에서 혼자 밥을 먹게 될 겁니다."

버핏은 집단의 조화를 깨지 않는 선택을 한 것이다.

투자의 대가, 자기 주장 강할 것 같은 워런 버핏조차 피하지 못한(?) 동조의 늪. 이 늪은 우리가 생각하는 것보다 훨씬 깊고 빠져나오기 힘들다.

다수보다 권한을 가진 리더의 영향력이 다수를 대체하는 경우가 흔하게 나타난다.

개인의 태도와 행동에 대한 타인의 영향력에 대해서는 이견의 여지가 없다. 개인의 성격과 가치관으로 볼 때 혼자서는 절대 하지 않을 행동을 집단 내에서는 한다. 뇌 과학 연구에서 자주 하는 fMRI를 활용한 뇌 스캔 연구들은 인간이 소속 집단에서 소외되는 '왕따'의 경험이 신체상의 심각한 위해에 버금가는 고통을 준다고 보고하고 있다. 사람들은 사회적 영향에서 자유로울 수가 없다.

집단 시너지 창출의 실패

인간의 사회적 본능인 동조 성향은 생존과 단합을 위한 순기능과 함께 수많은 부작용을 초래한다. 비이성적 집단행동에 휩쓸려 대형 사고가 나기도 하고, 전쟁이나 비윤리적 행동의 숨은 원인이 되기도 한다. 맹목적으로 다른 사람들을 따라하다가 자산 버블에 휩쓸려 전 재산을 날리기도 한다.

대표적인 사례가 17세기 네덜란드의 '튤립 버블'이다. 당시 튤립 구근 하나가 같은 무게의 금보다도 훨씬 비싸졌는데도 투자 광풍이 이어졌다. 이러한 맹목적 투자는 국내 테마주 투자나 아파트 가격 폭등에서도 확인할 수 있는 현상이다.

포모Fear Of Missing Out, FOMO. 기회를 놓치는 것에 대한 두려움을 일컫는 용어로 남들 다 하는데 나만 빠지면 마치 죽을 것 같은 고통을 느끼는 인간의 심리를 일컫는 말이다.

인간의 모임인 조직 내에도 구성원들의 동조 성향은 널리 퍼져 있고, 이로 인한 폐해에서 조직 또한 자유롭지 못하다. 회사 밖에서는 자유로운 영혼으로 개성을 발휘하고 자신만의 취미를 즐기던 구성원들도 회사에만 오면 입을 꾹 다물고 시키는 것만 하는 수동적 인간으로 순식간에 변신한다.

설문조사 결과에 따르면 구성원들은 업무의 내용과 범위가 명확한 것을 선호하는 것으로 나타난다. 그 이유는 "딱 시키는 것만 하고 싶다", "필요 이상의 책임은 사절한다"였다. 한마디로 괜히 일 만들고 싶지 않다는 것이다. 과도한 업무에 대한 부담도 있겠지만, 잘못하다가 책임을 뒤집어 쓸 수도 있고, 괜히 욕 먹기 싫다는 뜻으로 해석된다. 조직 내에서는 대세에 맞추어, 흐름에 따라 그냥 묻어가고 싶어하는 것이다.

문제는 이런 인간의 본성에 따른 동조 행동이 조직과 팀의 효과성effectiveness을 저하시킨다는 점이다.

조직에 순응을 강요하는 환경에서 팀과 조직은 다양한 집단적 오류에 빠지게 된다.

그 대표적인 현상이 바로 **집단사고**groupthink로 구성원들이 소외감을 느끼지 않으려고 집단의 결정, 다수 의견에 따르는 성향이다.

집단사고라는 용어로 착각을 불러일으키지만 실제 의미는 **집단이 생각을 전혀 하고 있지 않는 상태**다. 집단이 사고를 하기보다는 단체로 사고를 치는 상황! 특히나 응집성이 강하고 리더가 권위적인 조직에서 쉽게 나타나는 오류현상이다. 집단사고를 집단으로 모여서 열심히 생각하고, 의사결정을 내리는 바람직한 경영활동이라고 말하면 절대 안 된다. 무식하다는 소리 듣는다.

더 보기

모두가 "아니오No"라고 할 때, 예Yes"라고 할 수 있는 용기

직장인 대부분이 선택하는 처세는:

- 모두들 Yes라고 하면, "속으로 No라고 생각해도 입으로는 Yes"
- 모두들 No라고 하면, "속으로 Yes라고 생각해도 입으로는 No"

혼자 그렇게 거꾸로 매달려 있으면 안 어지럽니? 처음에는 걱정해 주다가 나중에는 외집단out group으로 밀어낸다.

혼자 거꾸로 놀다가
결국 난 아웃사이더, '아싸'가 된다.

아싸가 되는 순간, 배신과 배반에 따르는 조직의 보복이 시작되고, 결국 대부분은 조직의 쓴맛에 굴복한다. 한두 번 삐딱선 탔다가 다시 대세를 따르게 되면, 그 다음부터는 군소리 없이 조용히 조직에 순응하는 인간이 되고 마는 현실.

이런 슬픈 사회화 과정은 직장 내 다수인 동료들과의 관계에서보다는 조직의 위계 구조에 따라 권력을 행사하는 직장상사와 리더들에 의해 훨씬 강력하게 일어난다.

집단사고와 비슷한 듯 다른 개념이 **다중무지**pluralistic ignorance이다. 나만 빼고 다른 구성원들은 다 아는 것 같고, 동일한 의견을 가진 것 같다. 그러다 보니 나만 덜 떨어진 인간으로 취급받지 않을까 하는 두려움이 생겨 있지도 않은 다수 의견에 동조한다.

이른바 **잘못된 합의에 대한 환상**false consensus effect.

남들은 모두 이미 상황에 대한 인식을 공유하고 대안에 대해서도 다들 동의하고 있다고 착각한다. 집단 속에서 개인들이 망상에 빠

더 보기

집단사고는 집단지성과 완전히 다른 것이다!

집단지성collective intelligence은 평범한 다수의 개체들이 협력 혹은 경쟁을 통해 얻게 되는 집단적 지적 능력을 가리킨다.

반면, 집단사고groupthink는 집단에 속한 구성원들이 갈등을 최소화하기 위해 자신의 생각과는 상관없는 혹은 정반대의 의견을 내는 왜곡된 사고를 말한다.

"남들 가는 대로"

천재들이 모여 멍청한 짓들을 하는 상황을 표현할 때 집단사고의 폐해라고 이야기한다.

사람들은 집단에 소속되기 위해 스스로를 속인다.
이게 옳은 것이라고, 이게 맞는 것이라고.

"집단사고는 광기 어린 집단 착각이다."

지는 것이다. 구성원 개개인이 집단 내에서 나만 빼고 다른 사람들은 모두 알고 있다고 착각하면서 “나만 모르는 것” 또는 “나만 생각이 다른 것”을 들키면 안 된다는 강한 의식이 생긴다.

- ‘다들 그런 것 같은데’
- ‘이 많은 사람들이 그렇게 생각하는데 내가 틀린 거겠지’
- ‘내가 모르는 뭔가가 있겠지’

라는 생각들을 속으로만 해댄다.

그러다 보니 집단적으로 말도 안 되게 위험하거나, 비윤리적인 행동을 저지르게 되기도 한다.

“난 몰라, 다들 그렇다고 하니 그런 거겠지” 하는 생각인데, 여기서 **“다들”**이라는 것이 실제로 존재하지 않는 **유령 다수**phantom majority인 경우가 많다.

그래서 집단은 개인이 혼자서는 절대 하지 않을 그리고 절대 못 할 짓들을 하기도 한다.

나치의 유대인 학살을 연구한 독일계 미국인 정치 철학자인 한나 아렌트Hannah Arendt가 이야기하는 **‘악의 평범성**banality of evil**’**이 그 전형적인 예이다. 독일 철학자 괴테Goethe도 개인과 달리 “집단에서는 광기가 오히려 정상적인 것”이라고 말한다.

집단사고, 다중무지와 함께 집단 의사결정 상황에서 흔히 나타나는 현상으로 **집단극화**group polarization가 있다. 사람들이 모여서 이야기를 하다 보면 특정 이슈에 대해 적당히 긍정적moderately positive 이거나 또는 적당히 부정적moderately negative 이었던 입장이 사라지고 한쪽의 극단적인 입장(심하게 긍정적 또는 심하게 부정적)으로 집단 의견이 쏠리게 되는 현상이다.

서로 이야기를 나누면서 약간의 위험 추구 선호를 가졌던 사람들이 상대방의 선호를 확인하면서 점점 그 방향으로 서로를 밀고 간다. 위험 추구를 지지하는 정보만 선택적으로 이야기하면서 집단 전체로서의 확신이 커진다.

"맞지 맞지? 그치 그치?" 현상 발생.

요즘 유튜브 알고리듬에서 자주 관찰되는 **필터링과 그에 따른 편향**filter bubble 과도 유사하다. 극단주의적 신념이 팽배하게 되는 집단 내 의견 증폭현상. 그래서 **확성기 효과**megaphone effect 라고도 한다. 폐쇄공간에서 소리가 쩌렁쩌렁 울리듯, 조직에서는 리더가 한마디 하면 동일한 의견과 목소리가 조직을 지배하는 **반향효과**echo chamber effect 가 생긴다.

더 보기

집단무지성: 집단사고, 다중무지, 집단극화의 절묘한 조화

때는 1961년 4월 17일.

미국 CIA의 훈련 과정을 거친 1,500명의 쿠바 출신 군인들이 피그만Bay of Pigs으로 향했다. 목적은 혁명을 일으켜 사회주의 정부를 세운 피델 카스트로Fidel Castro를 몰아내는 것. 미국 정부는 1960년부터 침공을 계획하고 자금을 제공한다.

결과는 참담.

불과 사흘 만에 100여 명의 사상자를 내고, 1,000여 명이 생포된다. 카스트로 정부는 1961년 12월 군인들의 몸값으로 5,300만 달러를 받은 후에야 포로 1,113명을 풀어 준다.

미국이 벌인 최악의 삽질 작전 중 하나로 손꼽힌다. 작전 대실패 이후 사후 검토에 의하면 애초에 말도 안 되는 바보 같은 짓이었다는 것.

케네디는 미군의 직접적인 개입을 부정했다. 그러나 이 사건으로 미국은 쿠바의 주권을 침해했다는 비판을 받게 된다. 이후 쿠바와 미국 간 관계는 급속히 냉각되고, 결국 1962년 10월 쿠바 미사일 위기로 이어지게 되었다.

케네디 대통령의 특별 보좌관 아서 슐레진저 2세Arthur Schlesinger Jr.는 피그만 공격이 발생하고 몇 개월 뒤 당시 회의에서 계속 침묵한 것에 대해 심하게 자책했다고 고백한다.

"편한 침묵의 대가는 혹독했다."

집단 시너지를 이끌어 내는 리더십

오늘날 경영환경에서 창의성과 혁신을 촉진하기 위한 구성원들의 자발적 참여, 업무 몰입, 다양성, 심리적 안전감 등은 주요 화두이다. 그러나 동·서양을 막론하고 인간의 진화론적 본능은 집단에 대한 소속 욕구를 강력하게 추구하고, 집단에 속하는 순간 동조에 대한 사회적 압력은 구성원들의 입을 다물게 만든다.

사회와 조직이 그렇게 발전되어 왔고, 조직 구성원들에게 암묵적으로 동의 및 순응을 강요해 온 것도 사실이다. 상황이 이렇다 보니 팀과 조직 구성원들의 개성을 바탕으로 하는 시너지 창출은 '먼나라 다른나라' 이야기가 되어 버린다.

얼어붙은 구성원들의 입을, 닫힌 마음을 어떻게 열어야 할지에 대한 심각한 고민이 필요한 시점이다. 구성원들에게 자발적 동기를 부여하고 입을 열게 하는 것은 리더의 몫이다.

집단을 동조의 늪에서 건져 올려 시너지 창출을 통한 성과 향상을 위한 리더십이 요구된다.

포용성

구성원들의 자발성, 적극적 참여, 반대 의견 제시를 촉진시켜 집단지성을 형성하고 향상시키는 첫번째 조건은 리더의 포용성inclusion이다. 포용성에는 모든 사람의 가치를 인정하고 존중해야 한다는 전제 조건이 깔려 있다. 이는 단순히 반대 의견, 자유로운 비판에 대해 개방적인 태도를 넘어 적극적으로 그 가치를 인정하고 수용하는 것을 말한다.

포용적인 리더가 되기 위해서는 모든 목소리에 귀를 기울여야 하는데, 구성원들의 말을 끊지 않고 경청해 주는 것이 의외로 쉽지가 않다. 내 의견이 먼저 앞서기 때문이고, "내가 너보다 잘났다", "내 의견이 옳다"라는 무의식적 편견이 작동하기 때문이다. 가끔 주제와 핵심 이슈를 벗어나는 구성원들의 산발적인 아이디어들도 거슬린다.

- 그래서 어떻다구?
- 됐고! 말하려는 핵심이 뭐지?
- 결론이 뭔데?
- 그게 말이 된다고 생각해?

이런 발언들은 구성원들을 침묵하게 만드는 강력한 표현들이다. 리더가 무의식적으로 의견의 획일화를 종용하면서 다양한 의견을 묵살하고 의견 제시 자체를 막아 버리는 경우가 많다. 현대 조직에서 이런 리더들은 도태될 수밖에 없다.

자신이 반대 장려형인지 반대 억압형인지 자가 테스트를 해보자.

반대 장려형	반대 억압형
• 구성원이 내 의견에 질문을 하고, 반론도 펼치면 흐뭇하다. • 회의할 때 구성원들이 다양한 의견을 내면 회의가 즐겁게 느껴진다. • 구성원들이 활발하게 토론하는 것을 보면 뿌듯하다.	• 회의에서 거의 나 혼자 말한다. • 회의가 만장일치로 끝나면 흐뭇하다. • 회의는 주로 업무 지시와 보고로 끝난다. • 회의에서 팀원이 내 의견에 토를 달면 상당히 불쾌하다.

반대 장려형 리더가 높은 개방성에 근거해 구성원들의 다양한 의견과 관점을 포용하고 그들의 기여와 공헌을 칭찬한다면, 반대 억압형 리더는 구성원들이 자신을 포용하도록 압박한다.

하의상달bottom-up vs. 상의하달top-down.

스스로 반대를 거부하고 억압하는 성향이 있다고 생각되면, 리더로서 자신의 포용성에 대해 심각하게 고민해 보자.

사실 대부분의 리더들이 자신의 의견으로 결론을 몰아가려는 강한 경향을 보인다. 구성원들의 창의성을 자극하고, 아이디어를 끌어내고, 입을 열게 하고 싶으면 만장일치에 대한 환상부터 깨야 한다. **구성원들이 "네" 라고 대답하는 것이 진짜 "네"가 아니다.** 한국 조직에서의 입 다무는 미덕과 귀찮음 때문일 가능성이 상당히 크다.

리더가 생각하는 모두의 만장일치는 실상 리더 한 명의 개인 의견이 그대로 수용된 경우가 많다. 팀장이, 임원이 이러자는데 뭐 어쩌겠나 하는 심정으로 입을 다물고 있는 것뿐이다. 이 경우 만장일치란 리더 자신의 착각일 뿐 집단 시너지가 발현된 것이 아니다.

현대 기업경영의 아버지로 불리우는 알프레드 슬론 주니어Alfred Sloan Jr.는 제너럴 모터스General Motors, GM를 자동차 제국으로 이끈 장본인으로 구성원들의 **반발을 유도하고 장려한 리더의 대표적 예**로 손꼽힌다.

알프레드 슬론에게는 자신만의 독특한 의사결정 방식이 있었다.

만장일치로 합의를 본 의견에 대한 최종 결정은 그 다음 회의로 미루고, 그 다음 회의까지 **만장일치한 의견에 반대할 의견을** 가지고 오라고 지시하였다. 모두가 동의하는 의견이면 구태여 회의 안건으로 가져와 이야기를 할 필요가 없다고 생각했기 때문이다.

또한 아니라고 생각했을 때 반대 의견을 솔직하게 말하는 것이 GM임원의 의무임을 항상 강조하고, 모든 구성원들에게 항상 다른 방향, 다른 선택, 반대 의견을 찾아오도록 한다.

포용성을 가진 리더는:

- 다양성을 인정하고 존중하며
- 적극적으로 경청하고
- 자신이 가지고 있을 수 있는 무의식적 편견의 가능성을 항상 염두에 두며
- 팀원들이 두려움 없이 편안하게 자신의 의견을 표현할 수 있는 분위기를 조성한다.

ChatGPT 이미지 생성

심리적 안전감

리더가 포용성을 발휘하여 만들어 낼 수 있는 중요한 집단 특성은 바로 심리적 안전감psychological safety이다. 구성원들이 반론을 제기하거나 설득력이 떨어지는 불완전한 대안을 말할 때, 특히 리더의 의견에 반대되는 의견을 낼 때 자신에게 불이익이 생기지 않을 것이라는 안전함을 느끼는 것이 중요하다. 심리적 안전감이 있어야 집단 안에서 사회적 체면 손상이나 이미지를 깎일지도 모른다는 위협에서 자유

로워지고, 솔직한 의견을 낼 수 있게 된다.

심리적 안전감이라는 개념은 1960년대부터 조직관리organization management에서 참여적 리더십, 참여적 안전감participative safety 등의 용어로 리더들에게 강조되어 온 개념이다. 최근 이 개념이 더욱 주목받게 된 것은 구글에서 참여적 안전감을 구성원들의 팀워크를 향상시키고 좋은 성과를 내기 위해 가장 중요한 성공요인으로 꼽았기 때문이기도 하다. 구글은 **"전체는 부분의 합보다 크다"**라는 아리스토텔레스의 명언에 착안해 '아리스토텔레스 프로젝트'를 진행했다. 이 프로젝트를 통해 구글이 찾아낸 팀 시너지와 성과 창출에 가장 중요한 다섯 가지 요소는 다음과 같다.

- 심리적 안전감
- 팀원 간 신뢰
- 역할, 계획, 목표의 명확성
- 팀 업무의 의미 부여
- 업무에 대한 영향력

포용적 리더십이 팀과 조직에 심리적 안전감을 형성하는 것은 분명한 사실이다. 여기에 더해, 리더가 더 적극적으로 직원들의 심리적 안전감을 강화하기 위한 노력을 하고, 각 개인의 개성을 인정하고 존중해야 집단 시너지를 창출할 수 있다.

심리적 안전감을 조성하는 리더 체크 리스트

- 나는 구성원들이 언제든지 의문 혹은 의견을 제시할 수 있는 편안한 분위기를 만든다.
- 나는 내 의견이 틀릴 수도 있음을, 다른 더 좋은 대안들이 있을 수 있음을 구성원들에게 강조한다.
- 나는 내 자신의 부족한 모습을 솔직히 드러낸다.
- 나는 모르는 것은 모른다고 인정하고 구성원들에게 의견을 구한다.
- 나는 내 실수를 쿨하게 인정한다.
- 나는 어떤 의견이라도 경청할 준비가 되어 있다.
- 나는 구성원들이 어떻게 생각하고 느끼는지가 정말 궁금하다.
- 나는 구성원들과의 모든 업무 과정을 학습의 기회로 생각한다.
- 나는 구성원들이 아무리 만족스럽지 못한 보고를 하더라도 면박을 주거나 위협하는 발언을 하지 않는다.

공감력

구성원들의 입과 마음을 열기 위한 전제 조건으로 포용력과 더불어 공감력empathy이 있다.

요즘 젊은 세대의 트렌드이자 말도 많고 탈도 많은 MBTI.

> - 자신의 이야기와 감정에 공감을 해주면 "너 F(eeling)구나"(감동)
> - 반대로 자신의 이야기에 시큰둥하게 반응하면 "너 T(hinking)지?" (발끈)

공감과 포용은 상당히 긴밀한 연관성을 가진다. 공감을 못하면 포용도 못한다. 공감력이 요구되는 현대사회에서 나는 리더로서 어떤지 생각해 보자.

공감력이 낮은 사람들은

- 자기 중심적이고
- 권위적이고 독단적이며
- 자신의 말에 절대 복종을 요구하고
- 타인의 의견을 존중하지 않는다.
- 타인의 실수를 용납하지 않고
- 비판적이고 부정적이며
- 새로운 의견을 받아들이지 못하고
- 자신만의 방식을 고집한다.

"난 절대 아니다"라고 일단 우기기보다는 자신에 대해 진지하게 되돌아보고, 그런 면이 있다면 그냥 쿨하게 인정하자.

'내가 이런 부분이 있네'라고 깨닫는 순간이 바로 좋은 리더가 되는 첫걸음을 떼는 순간이 될 것이다.

공감 능력의 부족은 뇌 구조라는 선천적 요인에 기인한다고 하지만, 경험과 환경이라는 후천적 요인들에 의해서도 큰 영향을 받는다. 공감력 부족은 노력으로 극복할 수 있다는 의미이다.

공감은 "그랬니? 그랬구나~"라는 공감 자체만으로 끝나서는 안

더 보기

회의 후 복습Post Meeting Debriefing

팀 미팅 후 직원들이 공황상태에 빠지며, 옹기종기 모여 앉아 있는 경우가 많다.

- 이거 아닌 거 같은데…(집단사고)
- 너도 아니라고 생각한 거였어?(다중무지)
- 아까 말하지~~!(조직적 침묵)
- 아까 본부장님이 말한 거 이거 맞지?(확률게임 돌입)
- 어! 그거 아니야? 너도 잘 몰라?(집단 멘붕)
- 뭔 소리인지 모르겠는데 어떻게 하지?(시한폭탄 작동 시작)

이런 현상들은 리더의 "공포 분위기 조성" 및 "화풀이성 내리 갈굼" 후에 더욱 심해진다. 리더의 포용성과 공감력이 요구되는 장면이다.

된다. 공감력은 단순한 반응이 아니라 상대방이 왜 그런 감정을 느끼는지를 이해하는 **정서지능**emotional intelligence, 그리고 나라면 어떨까 하는 **관점 전환**perspective taking 능력에 더 가까운 개념이다. "내가 저 입장이면 나는 무슨 생각이 들까? 나는 어떤 느낌이 들까? 나는 예전에 어땠지?"라는 질문을 통해 인지적 공감력을 키울 수 있다.

인지적 공감을 통해 "아, 그래서 그런 생각을 했구나, 그래서 그런 아이디어를 떠올렸구나"라고 반응해 줄 수 있다. 공감력은 상황에 대한 이해를 통해 상대방의 관점을 이해하고, 더 나은 해결방안을 구축하는 열린 조직문화 조성에 효과적으로 활용될 수 있는 핵심 능력이다.

리더의 공감력은 교육에 의해 개발될 수 있는 항목이다. 흔히 교육과 개발이 구성원들에게 해당되는 것이라고 착각을 하지만 조직과 조직 구성원들의 구심점이 되는 리더들에 대한 교육은 더 큰 의미와 파급력을 가진다.

반대 의견 촉진 전략

집단지성을 향상시키는 반대 의견 촉진 전략에 대해서 생각해 보자.

데블스 애드버킷

회의 시 '**데블스 애드버킷**devil's advocate(악마의 대변인)' 지정은 회의가 한쪽 방향으로만 흐르고 구성원 개인의 의견이 묵살되는 현상을 방지하는 효과가 있다. 순서를 정해서 매 회의 때마다 **'모든 안건'에 대해 반대 의견**을 내는 사람을 정하고, 무조건 문제점을 찾아내도록 한다.

별다른 의견이 없어도, 설사 본인이 안건에 대해 찬성하는 입장이어도, 무조건 찬성안을 묵사발 낼 수 있는 합리적 논리와 타당한 이유를 찾아 반대 입장에서 말하게 함으로써 팀이 집단사고나 다중무지의 병폐에 빠지는 것을 막을 수 있다.

ChatGPT 이미지 생성

모든 팀원에게 일정 기간 '데블스 애드버킷' 역할을 맡겨 입을 열 기회를 주고, 더 나아가 의무감을 부여하자.

역할을 맡은 팀원은 어떻게든 입을 열어 의견을 낼 수밖에 없다. 또한, 의견을

더 보기

조선시대 최고의 데블스 애드버킷

그 옛날 "나랏말싸미"에 빛나는 우리 세종대왕님께서도 어전회의 때마다 데블스 에드버킷을 활용하셨다. 그 이름은 바로 형조판서 고약해(高若海, 1377~1443).

세종대왕은 매사 비판적이고 깐깐하게 지적질을 해대는 고약해를 모든 회의에 참석시켜 집단사고로 인한 판단 오류를 경계했다.

그럼에도 불구하고 자신을 피곤하게 하는 인물을 "꼭 고약해 같다"라고 하면서 불편함을 내비치기도 했다. 이후 이 표현은 '성미나 언행 따위가 사납다', '비위에 거슬리다'라는 뜻을 가진 '고약하다'로 발전하게 된다. 후문에 따르면 고약해는 말투가 불손하고, 왕을 노려보고, 왕의 말을 중간에 끊고, 자리를 박차고 나가고, 술에 취해 왕을 찾아가 꼬장을 부렸다고도 한다.

참형 당하지 않은 게 신기한 일이다. '좋은 임금(좋은 리더)'이 되겠다는 세종대왕의 '최강 의지'가 보이는 정말 중요한 사실이다.

제시하기 위해 더 많은 자료를 검색하고, 검토하며, 회의를 주도할 수밖에 없다. 이런 과정을 반복하다 보면 회의에서 반대 의견을 내는 것도 숙달된다.

한쪽 의견에 쏠려 있으면 사람들이 반대 의견을 내고 싶어도 쉽지 않다는 걸 잘 알고 있던 앤디 그로브는 '데블스 애드버킷'을 회의 중간에 일부러 투입해서 반대 의견을 내게 했다.

한 사람이 입을 열기 시작하면 다른 사람들도 입을 열기 시작한다. 항상 시작이 중요하다. 누군가 말을 꺼내지 않으면 아무도 말할 수 없다. 불을 지필 누군가가 필요하다.

> "인텔이 성공한 비결은 혁신적인 기술 개발에 쏟는 시간만큼 많은 시간을 논쟁과 갈등에 할애했기 때문이다."
>
> _앤디 그로브Andy Grove

브레인 라이팅

집단지성을 통한 시너지 창출을 위해 구성원들에게 아이디어를 말하는 대신 포스트잇에 쓴 다음 벽에 붙이고 투표를 하게 하는 브레인 라이팅brainwriting도 한 방법이다. 브레인 라이팅의 핵심 규칙은 누구의 아이디어인지 절대 비밀로 하는 것이다. 익명성을 보장해서 '괜히 뻘짓 했다가 인생 꼬이지 않을까' 하는 불안감을 제거하는 것이 핵심이다. 따라서 이 과정에서 신분이 노출될 그 어떤 여지를 남겨서도 안 된다.

이 방법에서는 아이디어 자체와 아이디어를 제시한 사람의 직급이 완전히 분리되어 리더의 아이디어인지 막내 팀원의 아이디어인지 구별을 할 수 없기 때문에 **지배역학관계의 통제에서 해방**될 수 있다(리더라고 아래 귀퉁이에 점 살짝 찍어서 표시하기 없~~기!)

스탠퍼드대학교 디.스쿨d.school에서 제시하는 디자인 씽킹design thinking도 비슷한 원리를 따르고 있다. 요즘은 포스트잇을 활용한 오프라인 미팅보다 온라인 시스템을 통한 브레인스토밍electronic brainstorming으로 대체한다.

더 보기

그냥 개기는 것과 반대 의견의 차이

'금융계의 스티브 잡스'로 불리우는 미국 헤지펀드의 대부 레이 달리오Ray Dalio도 브레인 라이팅 기법으로 가장 성공적인 헤지펀드를 만들어 냈다.

현대사회가 구성원들의 반대 의견을 장려하는 이유는 집단사고를 방지하고 집단지성을 높이기 위함이다.

그런데 문제는 반항은 하는데 근거 없이, 무식하게, 영리하지 못하게 반항하는 것이다. '무조건 개기고 보는' 경우도 있다.

집단지성의 발현을 위한 반대 의견은 그냥 무턱대고 개기는 것과는 다르다.

- 팀 혹은 조직의 성공이라는 공통된 의식에 기반
- 당면한 문제의 영역, 주제 안에서 새로운 관점, 가능성 제기
- 단지 반대를 위한 반대가 아닌 깊은 고민에 근거
- 허무맹랑한 이상론으로 도피적 논리를 제기하기보다 현실적 대안 제시

리더가 해야 하는 역할은:

- 생산적인 반대 의견을 활성화하고 강화시키는 것.
- 사방팔방으로 튀어서 삽질을 해대는 팀원들을 팀의 목표 범위에 끌어들여 집단지성을 발휘하는 팀으로 만드는 것.
- 중구난방으로 개기는 팀원들을 모으려면 때로 강력한 리더십이 필요하기도 하다.
- 그러나 강력한 리더십이라는 것이 윽박과 독재라고 착각해서는 절대 안 된다. 더 강한 카리스마를 발휘하여 팀원들을 포용해야 한다는 것이다.

6 | 넛지 리더십

Z세대 맞춤형 눈높이 리더

구성원들이 달라지면 리더도 달라져야 한다.

구성원의 특징에 부합하는 **맞춤형 눈높이 리더십**을 발휘해야 한다.

Nudge Leadership

이 장에서는 최근 한국 사회와 조직에서 새로운 트렌드의 핵심이라고 여겨지는 신세대, Z세대 구성원들과 함께 일하며 느끼는 챌린지에 대한 대응으로 넛지 리더십에 대해 이야기하고자 한다.

얼마 전만 해도 젊은 세대를 통칭하여 MZ세대라고 묶어서 논의하였으나, 밀레니얼이라고도 하는 M세대가 보통 1980~1994년생, Z세대가 1995~2010년생임을 고려할 때 최고 30년 차이가 나는데 같은 세대로 묶기에는 억지스럽다. M세대는 이미 40대 중반에 들어섰으니 조직에서도 중간관리자급에 도달한 상태이다. 이 책에서 신세대라 함은 신입사원 및 대리급 직책을 가진 Z세대를 칭하는 것으로 하겠다.

누구나 강요와 강압은 싫어하지만 Z세대들은 특히나 이에 대한 거부감이 크다. 이러한 Z세대들에 대응하는 맞춤형 리더십이 바로 넛지 리더십이다. 넛지nudge란 용어는 '팔꿈치로 슬쩍 미는 것'을 말한다.

아기코끼리는 자기 스스로의 의지로 그 길을 선택해서 가고 있다고 생각한다. 요게 바로 넛지 리더십의 핵심이다. 어미 코끼리가 방

어미 코끼리가 뒤에서 아기 코끼리가 가는 길의 방향을 잡아 주고 있다. 여기서 핵심은 "스을~쩍!"

향을 잡아 주고, 도움을 주지만 아기 코끼리는 누구의 간섭 없이 자기의 길을 가고 있다고 생각한다.

"엄마가 밀어서 이쪽으로 가는 게 아니야!
내가 가고 싶어서 가는 거야!!"

더 치밀하고, 차원 높은 리더십!!

Z세대 구성원들의 특성

IT 발달, 모바일, SNS등의 영향으로 1990년대 후반에서 2000년대 초반에 태어나 이제 막 조직생활을 시작한 Z세대 구성원들에 대한 이야기들은 그 어느 때보다 다채롭고 드라마틱하다. 하루가 멀다 하고 뉴스나 미디어에 나오는 사례들은 주로 기성세대 관리자들의 입장을 반영한 경우가 많다. "얘들 왜 이래?", "우리 때는 안 그랬는데", "뭐가 문제야?"라는 부정적인 이야기들이 주류를 이룬다.

Z세대의 주요 특성으로 거론되는 내용들은:

▶ 조직보다는 개인, 자기밖에 모르는 이기주의, 조직의 이익을 위해서 결코 희생하지 않는다.

- 왜 그래야 하는지 그 자체를 이해하지 못한다.
- 직장은 개성을 발휘하면서 성장과 의미를 추구하는 곳이지, 내 몸 바쳐 충성하는 곳이 아니다.

▶ 내 취향이 중요하다.

- 내 취향을 존중해 주는 자유롭고 수평적인 조직문화를 원한다.
- 나 하고 싶은 말은 하고 살고 싶다.
- 수직적 위계질서는 구시대의 유물.
- 상사가 업무 외의 다른 지시를 하거나, 업무시간 이후에 연락하거나, 사적인 영역을 침범하는 것은 "선을 넘는 것이다." 거부한다.

▶ 정의에 민감하다.

- 공평한 기회, 공정한 보상이 되지 않으면 못 참는다.
- '나중에 채워 줄 테니 지금은 참아라' 같은 말들에 공감할 수 없다. 사양한다.
- 지금, 이번 분기, 올해에 내가 한 만큼 받고 싶다. 이러한 이유로 "보람 따위 됐으니 야근 수당이나 주세요" 같은 책들이 인기를 끈다.

더 보기

Z세대 신입사원과 함께 일하기

이제 입사한 지도 한 달 정도 되었네요.
이따가 5시쯤 잠시 얘기나 나눌까요?

앗! 음~ 네....

그동안 지내기 어땠어요? 뭐 하고 싶은 얘기 있나요?

저기... 5시 면담은 아닌 거 같아요.

우리 회사 퇴근 시간은 5시.
신세대 사원들에게 칼퇴는 부정적인 게 아니라 당연한 일이다. 그냥 정시퇴근이다.
신입사원이 점심식사도 주로 혼자 하고, 업무 관련 대화 외에는 다른 구성원들과 대화를 안 한다.

선배들이랑 식사도 하고, 친하게 지내면 좋지 않겠어요?

나이 차이가 많이 나서 불편하기도 하고,
딱히 할 얘기가 없어요.

이러다 보니 보통 막내들이 하는 잡무(예: 탕비실 정리, 회의 시간 안배, 회의실 예약, 식당 예약 등)를 10년 차 팀원이 담당하는 상황이 발생한다.

- 그러나 Z세대 구성원들은 근무 시간에 시키는 일은 철저히 하고, 업무에 몰두한다.
- 특히 자기주도적으로 할 수 있는 업무를 주면 상당히 열정적이고 일욕심을 보인다.
- 또한 성장 욕구가 강해서 학습의 기회가 주어지고 개선 방향에 대한 피드백을 주면 강한 업무 집중력을 보이며, 기대 이상의 결과물을 가져오기도 한다.

6개월간 함께 일해 본 후 내린 결론:

- Z세대 구성원들은 사고방식이나 가치관이 확실히 다르다.
- 인내심을 가지고 소통하고 개인 의견을 존중해 주면 같이 일하기에 썩 나쁘지 않다.

리더 하기 나름이다!

Z세대와 함께 일할 때 요구되는 리더십

자기 할 말 따박따박, 손해 보는 일 없이 자기 권리 잘 챙기는 Z세대 구성원들. 이런 특성들은 기성세대 리더들이 보기에 조직에 어울리지 않는 것 같고, 불편하다.

나 때와 달라 눈에 거슬리는 것도 사실이다.

그러나 성과를 내야 하는 리더 입장에서 푸념과 불평만 할 수는 없는 일이다. 좋은 리더가 되겠다고 원래 있지도 않은 자애로움 만들기에, 감정노동, 분위기 메이커까지 하는 판국에 이거라고 내가 못 할까? Z세대 구성원들이 회사에서 어떻게 해서든 자기의 몫, 1인분을 하도록 도와야 한다.

그게 결국 나를 돕는 길이다.

Z세대 구성원들의 개인주의, 강한 개성, 권리의식에 맞게 리더

십을 바꾸어야 한다. 구성원들의 특성을 잘 분석해 똑똑한 눈높이 맞춤형 리더십을 발휘하면 된다.

수평적이고 자유로운 소통

Z세대와 관련한 사례들에서 가장 자주 언급되는 문제가 조직 내 세대 갈등이고, 그 해결책으로 가장 많이 제시되는 것이 바로 리더들의 의사소통 기술communication skills이다. 2030 직장인들을 대상으로 한 설문조사 결과를 보면, **가장 바람직한 리더로 소통형 리더가 78%의 선호도**를 보이며 카리스마(14%)나 위임형(8%) 리더를 압도하는 것으로 나타났다. Z세대 구성원들이 리더에게 기대하는 것은 업무의 핵심을 파악하고 변화의 방향을 읽어낸 후, 이를 바탕으로 구성원들과 소통하는 것이다. 이는 **구성원들 간 업무를 이어 주고 조율하며, 필요한 도움을 주는 효과적 소통자**effective communicator**의 역할**이다.

여기서 커뮤니케이션은 과거의 수직적이고 일방적인 지시와 명령 형태가 아닌 상호 존중과 토론 문화에 기반한 수평적이고 자유로운 의견 공유를 말한다. 회사에서 다음과 같은 상황이 발생하면 Z세대 구성원들은 자기만의 세계로 도망가 버리고, 기성세대 리더는 결국 불통세대라는 소리를 듣는다.

- 내 말과 의견은 어차피 묵살당하고 업무에 반영이 안 된다.
- 개선 의견을 구한다고 하지만, 그건 말뿐이고 결국 전부 다 리더 마음대로 한다.

- 항상 일방적이고 강압적인 지시가 이루어진다.
- 굳이 알리고 싶지 않은 사생활을 꼬치꼬치 캐묻는다.
- 의사소통을 해야 한다며 업무 시간 외의 티타임, 회식 등을 은근 강요한다.

Z세대 취준생들이 가장 입사하고 싶은 기업은 **자유롭고 수평적 소통 문화**를 가진 기업으로 조사된다. 리더들에게도 동일한 기대가 있음은 말할 필요가 없다.

개인의 의미, 성장, 행복 추구

Z세대에게는 개인의 행복이 가장 중요하다. 말로만 그러는 것이 아니라 진정으로 원하고, 행동으로 실천한다. 자신이 의미 있다고 생각하고, 좋아하고, 재미있는 일을 하려고 한다. **자아 성장과 성취에 대한 욕구**도 남다르다.

자신의 일이 사회와 조직에 가치가 있고 동시에 자기 성장의 기회도 된다면 이상적이겠지만, 둘 중 하나를 선택해야 한다면 당연히 내가 먼저다. 실제로 대부분의 신세대 구성원들이 회사에 이익이지만 자신에게 손해인 경우는 절대 용납할 수 없다고 대답한다. 이들은 자신이 한 만큼 공정하고, 정확하고, 투명하게 계산해서 받아야 한다. 열정페이는 어림없는 소리다. 의무와 희생을 강요할 수 없는 세대다.

개인의 자유, 자율성 추구

『90년생이 온다』의 저자 임홍택 작가는 후속작 『2000년생이 온다』에서 Z세대를 초합리, 초개인, 초자율이라는 세 가지 특징으로 정의한다.

이를 직장에 적용해 보면,

- 제도와 관행이 자신의 기준과 논리에 근거하여 합당하며
- 개인의 이익과 행복에 충실하고
- 업무를 함에 있어 자율성을 원한다는 말이다.

이러한 특징들로 인해 "이걸요? 제가요? 왜요?"라는 "삼요"세대라는 말이 탄생했다.

이때 리더는 "나는 그랬거든! 너도 그냥 하라면 해"라고 모냥새(표준어: 모양새) 빠지게 우기고 생떼 부리지 말고,
여유 있게 웃으면서 "응!! 이걸! 네가! 이래서!"라고 명쾌하게 대답해 주면 된다.

리더가 팀원에게 '말발'(말싸움에서 상대를 찍어 누를 수 있는 능력)에서 밀리면 리더 행세도 못 한다.

Z세대 구성원들은 개인적 자유, 행복, 자율성을 강력하게 추구하는 세대이다 보니 근로계약 이상의 초과 근무, 연차 사용 눈치 주기, 일방적이고 주관적인 지시와 평가를 참지 못한다. '나 때는 이랬는데, 너는 왜 그래?'라는 생각을 하면 억울해서 리더 노릇을 할 수가 없다.

"나 때는 나 때고, 너 때는 너 때구나. 좋~겠구나"

라고 쿨하게 받아들여야 한다.

리더로서 업무에 초점을 두고, 합리적이고 명확한 가이드를 쏘우 쿨so cool하게 멋지게 주자. 구성원들이 나름의 방식으로 일을 할 수 있도록 허용해 주면서, 동시에 1-on-1 등의 피드백을 수시로 주어 성장을 지원하고, 구성원과 팀의 성과를 관리해야 한다. 이것이 리더의 역할이다.

넛지 리더십의 개념

이제 드디어 나왔다.

넛지 리더십 Nudge Leadership.

이 리더십을 제대로 이해하기 위해서는 심리학, 사회심리학, 행동경제학에 대한 기본 이해가 필요하다. 넛지 리더십은 최근 핫하게 떠오르는 개념이다. **넛지**는 행동경제학에서 나온 개념으로 내가 상대에게 원하는 것을 강요하는 대신 **상대방이 스스로 인지하지 못할 만큼 너무나도 자연스럽게 선택을 유도하는 것**을 말한다.

이 개념이 경영학에서는 그동안 마케팅 분야에서 많이 활용되었다. 넛지 마케팅은 고객의 구매욕구를 슬쩍슬쩍 찌르는 마케팅 활동으로 소비자의 구매를 직접적으로 강요하지 않고 소비자들이 똑똑한 소비를 할 수 있게 도와주는 방식을 취한다. 과거의 마케팅 활동들은 제품의 장점을 강조하며 구매를 부담스럽게, 도망가고 싶게 권하는 직접방식을 취하였다.

그러나 넛지 마케팅은

- 건강한 유기농 식품을 더 눈에 잘 띄게 진열한다거나
- 칼로리 정보를 크게 적어 제공하거나
- 환경 친화적인 제품의 장점을 강조하거나
- 혹은 "만 명이 이 제품을 구매했답니다"라는 메시지를 보내는 등

간접 방식으로 구매를 부드럽~게 유도한다.

이러한 행동경제학의 넛지 개념에 근거한 **넛지 리더십**은 리더들이 선택 설계자가 되어 **부드러운 간접 개입을 통해 구성원들이 바람직한 목표를 설정하고 이를 달성하도록 돕는 리더십**을 말한다. 구성원들의 동기부여, 업무 몰입, 적극적 자기 성장을 자연스럽게 **슬쩍 밀어 유도하는 것이 넛지 리더십의 핵심**이다.

과거의 독단적이고 무례하며 투박한 구성원 관리 방식과 달리 현대사회에서는 신뢰, 포용성, 공감, 자애로움, 권한 위임 등을 기반으로 한 **세련된 리더십**을 요구한다. **강요하지 않으면서 조직과 리더가 원하는 방향으로 구성원들의 행동에 긍정적 영향을 주는 접근법**이 주목받고 있다. 이러한 흐름의 중심에 있는 것이 넛지 리더십이다.

"최고의 리더십은 리더가 했지만 구성원들이 자기 스스로 이루었다고 착각하게 만드는 리더십이다"

무위자연을 강조하는 노자 입장에서 리더의 단계는:

- 존재만 있고, 특별히 무엇인가를 하지 않는 리더
- 그다음이 구성원들이 칭찬하는 리더
- 그다음이 구성원들이 무서워하는 리더
- 마지막이 구성원들이 멸시하고 무시하는 리더

구성원들의 동기motivation를 향상시키는 방법으로 흔히 보상이나 처벌을 활용하지만, 보상은 리더 1인의 권한이 아니며, 보상도 자주 받으면 약발이 떨어진다. 그렇다고 처벌(예: 감봉, 정직)을 하면 반감만 일으키고, 그조차 익숙해지면 면역력, 소위 맷집이 생긴다.

더 보기

자기결정이론

자기결정이론Self-Determination Theory, SDT은 인간의 동기와 행동을 설명하는 심리학 이론으로 1975년 에드워드 데시Edward Deci와 리처드 라이언Richard Ryan이 제안한 모델이다. 자기결정이론의 핵심은 인간 행동을 설명하는 원인이 인간의 내부에 있는지 혹은 외부에 있는지를 이해하고자 하는 것이다.

자기결정이론에서는 인간의 자율성, 스스로의 선택과 결정을 강조한다. 무엇인가를 하고자 하는 인간의 동기는 스스로 느끼는 흥미나 호기심같은 내적 유인에서 비롯될 때 가장 강하고, 누군가의 강요나 강제에 의해 조정당하고 있다고 느낄 때 가장 약하다는 것이 자기결정이론가들의 주장이다.

이런 측면에서 볼 때, 개인, 자유, 자율을 강하게 원하는 Z세대의 가치관에 대응해야 하는 리더들에게 중요한 시사점을 주는 이론이다.

미국에서 자기중심세대me-me-me generation라고 불리고 우리나라에서는 나나랜드에 산다고 하는 신세대 직장인에 특화된 동기이론!

핵심 아이디어

인간은 외부로부터의 간섭 없이 자율적으로 일을 해야 동기가 부여된다. 즉, 자신의 행동을 스스로 동기화시키고 스스로 결정해야 무엇인가를 한다는 것이다.

- 공부하라고 하면 죽어라 안 한다.
- 청소 좀 하라고 해도 죽어라 안 한다.
- 집에 일찍 들어오라고 해도 죽어라 안 들어온다.

결론

시키면 죽어라 안 한다.

리더십 교훈

인간은 청개구리 짓을 한다. 청개구리들에게 대응하기 위해서는 더 똑똑하고 치밀한 리더십이 필요하다.

넛지 리더십을 제대로 발휘하려면?

- 하라고 하지 말고, 지가 하고 싶게 만들어야 한다.
- 지가 원해서 하는 것이라는 사실을 계속 상기시켜야 한다.
- 그 일을 그 사람의 꿈으로, 목표로 만들면 된다.

"스스로 하고 싶은 마음이 생기게 만드는 것!

그것이 넛지 리더십의 핵심이다!!"

『어린 왕자』의 저자
생텍쥐페리의 명언이다.

오올~~
그 옛날 벌써 넛지 리더십을??

더 보기

넛지 리더십 vs. 가스라이팅

넛지 리더십이라~
사람의 마음을 조정한다, 마음에 영향을 준다는 측면에서 문득 요즘 이슈가 되고 있는 가스라이팅gaslighting이 떠오른다.
두 가지 개념 사이에 정확히 어떠한 차이가 있는지 우리의 똑똑한 ChatGPT에 물어 보았다.

	넛지 리더십	가스라이팅
정의	• 조직 구성원들이 조직의 목적에 가장 잘 부합하는 결정을 할 수 있도록 환경을 조성하고 • 이를 위해 치밀한 방법과 정책을 활용하는 리더십.	• 상대방에게 자신이 원하는 것을 주입시키며, 심리적으로 조작하고 통제해 영향을 미치고자 하는 것.
접근 방식	• 긍정적, 지원적 방법 활용 • 협박, 강요 및 강압 없이 구성원들이 더 나은 결정을 할 수 있도록 이끌어 주는 것. • 선택을 설계하고 지속적으로 상기시켜 주는 방식.	• 상대방을 폄하하면서 자신의 생각을 주입시켜 자의식과 자신감을 약화시킴. • 상대방을 계속 심리적으로 불안하게 만들어 '나의' 상대방에 대한 통제력을 강화시키는 방식.
목적	• 건설적 방법으로 구성원들의 의사결정 과정에 영향을 미침으로써 긍정적 행위와 성과를 개선하는 것.	• 특정 개인에 대한 자신의 권력과 통제력을 얻고, 지배를 행사하는 것.

이렇게 정리를 하고 보니 차이가 나타난다.
가스라이팅이라는 단어가 최근에야 유행해서 그렇지, 과거 전제적인 통제 위주의 경영 방식이 가스라이팅을 활용한 리더의 구성원들에 대한 지배와 통제가 아니었나 싶다.

- 넛지 리더십은 조직의 목표 달성에 가장 적합한 결정과 이를 통한 개인의 성장을 위한 긍적적이고 지원적인 방법의 활용이다.
- 반면 가스라이팅은 상대를 내 마음대로, 내 욕심을 채우기 위해 그 사람에 대한 나의 통제력과 권리를 강화하면서 그를 나의 꼭두각시로 만들기 위해 벌이는 심리적 공작 내지는 조작이다. 상대방을 폄하하고 찍어 눌러 자신감을 잃게 만들어 내 생각을 주입시키는 것이다. 결과적으로 상대방이 자기기만과 최면 상태에 빠져 나에게 복종하도록 유도하는 것이다.

스스로 하고 싶게 만들어라. 간섭한다는 느낌을 주지 말고 슬쩍 옆구리를 찔러라. 자기가 결정해서 하는 일이라고 착각하게 만들어라.

근데 그걸 어떻게 해야 할지… 쩝쩝…

- 잔소리해도 안 되고
- 욕해도 안 되고
- 소리 질러도 안 되고
- 뒤통수 때려도 안 되고
- 협박도 안 되고
- 강요해도 안 되고

쉽지 않다.

넛지 리더십을 발휘하기 위한 구체적인 방법을 살펴보자.

넛지 리더십를 위한 단계적 접근법

넛지 리더십 개념이 최근 제기되고 있지만, 아직 확립된 이론이나 측정 도구도 없고 실제 활용 사례나 활용 방안에 대한 구체적 가이드라인도 없다. 행동경제학적 관점에서는 분명히 말이 되고 먹힐 것 같은데, 그 방법이 궁금하다.

저자들이 제안하는 넛지 리더십을 발휘하기 위한 방법과 단계는 다음과 같다.

1단계: 팀원을 장기적으로 함께할 동료, 미래의 파트너로 생각하자

도와주고 싶은 마음에서인지, 구성원에 대한 애정인지, 사명감이나 책임감인지, 아니면 장기적 관점에서의 투자인지는 리더에 따라 다르겠지만, 넛지 리더십의 첫 단계는 구성원을 적어도 **나와 비슷하게, 또는 나보다 더 뛰어난 리더로 키워 내겠다는 마음**이다. 이를 위해서는 구성원에 대한 믿음과 새로운 리더로 키우고자 하는 리더의 의지가 전제되어야 한다.

향후 내가 더 중요한 일을 맡게 되었을 때 나를 탄탄하게 받쳐 주고 도움이 되고 믿을 수 있는 새로운 리더가 되어 줄 사람들을 직접 키워 낸다고 생각해야 한다. 무럭무럭 잘 커서 무성한 잎으로 내게 시원한 그늘을 만들어 줄 소중한 동료를 만들지 그냥 시들어 죽게 만들지는 리더의 의지에 달려 있다는 말이다.

2단계: 가지고 싶은 것, 하고 싶은 것, 이루고 싶은 것을 깨닫도록, 그래서 구체적인 목표를 갖도록 해주자

어린 시절부터 하고 싶은 것을 콕 집어서 정하고, 그것을 달성하기 위해 노력하는 사람도 있지만, 대부분의 사람들은 막연한 안개 속에서 헤맨다. 공부를 잘해야 나중에 뭐라도 할 수 있다고 하니 성적 관리는 하는데 사실 대부분이 무엇을 할지, 자기가 하고 싶은 게 무엇인지 아는 사람은 많지 않다. 죽어라 공부해서 대학을 가고, 대학에 가면 졸업 후 업무환경 좋고, 연봉이 높은 직장에 들어가기 위해 또 기를 쓴다. 회사에 들어갈 때에도, 그리고 들어가서도 꿈이 없는 사람이 많다.

무엇이 되라고, 무엇을 해야 한다고 강요할 필요는 없다. 대화를 해보고 성향과 욕구를 파악한 후 인생 선배로서 큰 방향을 제시해 주면서 혼자 생각할 시간을 주는 것이 좋다.

때로 사람은 부러움에서 자신의 미래에 대한 꿈을 꾸고 동기부여가 되기도 한다. 옆에서 보고 느끼게 하는 것이 중요하다. 리더 본인을 넛지의 툴로 활용할 수도 있다. 내 옆에 있는 리더의 삶이 멋있어 보이면 부러움을 느끼고, 그러면 따라하고 싶어진다. 리더가 롤 모델role model이 되는 것은 가장 효과적 방법이다. 이것이 바로 동기부여고 방향 설정이다. 부드러운 넛지의 힘을 믿어 보자.

3단계: 미래에 대한 방향을 정했으면 그것을 실현할 수 있는 다양한 방법을 보여 주고, 스스로 새로운 방법을 고민해 꿈을 실현할 수 있도록 도와주자

"너 여기 잠깐 앉아 봐" 하면서 진지하게 인상 쓰고 이야기하는 순간 긴장이 조성된다. 커피를 마시면서, 식사를 하면서, 담타를 가지면서 부드럽게 정보를 흘려라. "그런 것들이 필요하더라", "그런 것들을 요구하더라", "그런 방향에는 이 정도의 성과가 요구되더라", "이 성과를 내기 위해서는 이런 훈련과 학습이 필요하더라" 등 목표를 달성하고 꿈을 이루는 데 필요한 세부 요건들에 대한 정보를 은근슬쩍 흘려 준다.

본인의 경험이 아니어도 주변에서 성공적으로 커리어를 개발한 사례들을 공유하며, 구성원 스스로 원하는 목표를 이루어 미래를 만들어 갈 수 있는 요구 조건, 자격, 그리고 성과 향상 및 성장을 위한 방법에 대해 스스로 생각해 보도록 격려한다. 이와 동시에 성과와 자기 성장 둘 모두를 성취할 수 있는 균형점에 대해서도 현실적으로 생각할 수 있도록 조언해 주어야 한다. 단기적 성과와 함께 장기적으로 자신의 강점과 역량을 개발하여 균형 잡힌 그리고 의미 있는 커리어를 형성할 수 있도록 도와주자.

4단계: 처음부터 끝까지 실질적인 멘토가 되자

정기적으로 시간을 내어 진척 상황에 대해 이야기하고 멘토링을 해주면서 격려와 위로를 해주고, 현실적 문제점과 어려움을 들어 주면서 해결 방안에 대한 조언을 해주는 것이 중요하다.

누구에게나 처음이 있다. 리더도 병아리 시절은 있었다. 먼저 손을 내밀어 당겨 주고 도와주는 것은 리더로서 당연히 해야 할 일이다. '목표 설정 해주었으니 알아서 하겠지'라는 생각은 게으름이고, 방관이다. 내가 무엇을 도와줘야 일을 더 재미있게 할 수 있을지, 무엇을 해주면 더 쉽고 효과적으로 일을 할 수 있을지 같이 고민하고 방법을 모색하는 것도 리더의 중요한 역할이다.

넛지 리더십에서 분명히 알아야 할 점은 팀원에게 일을 맡겼더라도 책임은 리더에게 있다는 것이다. 실행은 팀원이, 판단은 같이, 그리고 책임은 리더가 지는 것이다.

넛지 리더십과 전통적 지시형 리더십을 간략히 비교해 보자.

전통적 리더십	넛지 리더십
• 팀원들을 구석으로 몰아넣고 꼼짝 못하게 한다.	• 팀원들을 넓은 세상으로 이끌어 준다.
• 말을 할 때 '나' 혹은 '너'로 구분한다.	• '우리'라고 표현하면서 연대감을 강조한다.
• 위에서 지시한다.	• 함께 일한다.
• 겁을 주고 협박한다.	• 방향과 가능한 선택지를 제시해 준다.
• 무조건적 복종을 요구한다.	• 자율적 판단을 장려한다.
• 뭘 잘못했는지 따져 묻고 지적한다. • 몇날 며칠을 질책한다.	• 왜 문제가 생겼는지, 어떻게 해결하는 게 좋을지 상의한다.
• 나는 갑 vs. 너는 을 • 나는 위 vs. 너는 내 밑	• 지지자 및 새로운 동료로 여긴다. • 상부상조의 성과 파트너 양성.

결국 넛지 리더십의 핵심은 '후배 양성'의 마인드가 아닐까 싶나. 리더가 후배를 키워 내겠다는 의지 없이는 아예 넛지를 위한 시작점이 생기지 않기 때문이다.

후배를 양성해야 하는 이유?

- 후배들의 성장이 곧 나의 성장으로 이어지고
- 후배 양성을 잘해야 내가 진정한 리더가 되며
- 일 잘하는 후배가 파트너가 되면 오히려 내가 더 편해진다.

그렇지 않은 경우,

- 후배들이 관계를 힘들게 생각하고
- 성장의 기회가 없음에 절망하며
- 패배감과 상실감을 느껴 퇴사를 하고
- 결국은 내가 더 힘들어진다.

넛지 리더십이 우리에게 주는 교훈은 구성원들, 적어도 자신의 관할 구역에 있는 구성원들을 성장시켜 향후 리더 본인도 도움을 받게 되는 상생 협력이다. 구성원이 길을 잃고 헤맬 때, 문제 해결에 핵심이 될 힌트를 슬쩍 흘려 줄 수도 있다. 그러나, 선택을 할지 말지, 어떤 선택을 할지는 모두 구성원의 몫으로 남겨두는 넛지.

그런데 넛지 리더십이라는 것이 말은 쉬워 보이지만 상당한 내공과 인내심과 자질과 시간이 필요하다.

- 억지로 시켜도 안 된다고 하고
- 대놓고 말해도 안 된다고 하고
- 윽박질러도 안 된다고 하고

다 안 된단다. 그럼 뭐가 되는 건데!

생각을 조금 바꿔 보자. 리더인 나는 함께 일하는 후배 구성원들보다 먼저 출발했고, 많은 시행착오를 거치고, 보다 다양한 경험을 쌓았으며, 그 과정에서 지혜를 얻었다. 그런 면에서 이 모든 것을 구성원들에게 건강하고 바람직한 방식으로 전수해 주고, 자신의 전문성을 바탕으로 후배들을 양성하는 넛지 리더십은 큰 가치가 있다. 전통적 권위에 의존해 지시하면서 자기는 소리 지른 적 없다고, 잘 돌려 말했다고 착각하며 넛지 리더십이라고 우기는 사람들도 분명 있을 것이다. 그러면 정말 곤란하다.

스포츠에서 현역 시절 날고 뛰던 스타 플레이어star player 선수가 훌륭한 감독이 되지 못하는 경우를 쉽게 볼 수 있다. 자신이 잘하는 것과 후배들이 잘할 수 있게 이끌어 주는 것은 차원이 다른 문제다. 함께 일하는 구성원을 같은 길을 가는 동반자의 개념으로 보아야 한다. 전통적 관습에 묶여 '내 밑에 있는 애'라고 생각하는 것은 금물이다.

7 괴물의 늪

리더들이 빠지기 쉬운 괴물의 함정

사람들이 흔히 하는 실수는 '나는 절대 아니다'라고 부정하고 보는 것이다.
리더로서 **자신의 바람직하지 못한 모습을 직시하고 개선하는**
현명한 리더가 되어야 한다

Toxic Leadership

마지막 장에서는 지금까지 논의한 다양한 챌린지를 극복하기 위한 바람직한 리더십들의 효과를 한 방에 날려 버릴 수 있는, 리더들이 쉽게 빠질 수 있는 함정에 대해 이야기하고자 한다.

조직에서 성과 창출을 위해 달리다 보면 리더로서의 관습, 편의성이라는 '악마의 유혹'에 넘어가 '괴물'이라는 함정에 빠져 민폐만 끼치는 악성 리더toxic leader가 되기도 한다.

악성 리더의 특성

괴물의 사전적 의미는 다수의 사람들이 기이하게 생겼다고 보는 생명체를 말한다. 특정 개인을 괴물이라고 칭하는 것은 그 사람이 악마 같은 행위, 사람들을 공포로 모는 행위, 상식을 벗어난 기괴한 행태를 보이기 때문이다.

과거 수많은 리더들이 업무 효율성, 기대 성과 달성, 조직의 효과성을 강조하며 회사에 대한 무조건적 충성심을 보이고, 구성원들에게도 같은, 오히려 더한 요구를 하였다.

구성원들을 다그치고, 쥐어짜고, 갈아 넣고.

그런 행위들이 너무나도 자연스럽고 당연히 받아들여지던 그때 그 시절이 있었다.

그러나, 현대사회의 가치관에 비추어 볼 때, 이런 리더는 괴물일 뿐이다.

ChatGPT 이미지 생성

문제는 괴물 같은 리더들의 전통적 모습과 행태들이 오랜 기간 조직 내에서 뿌리 깊게 자리하다 보니 이런 모습이 너무나 당연한, 변하지 않는, 그리고 변화하고 싶지 않은 **리더 이너시아**가 생긴다. 이너시아inertia는 원래 물리학의 개념으로 물체가 정지해 있거나 일정한 속도로 직선 운동을 계속하려는 성질을 의미한다. 외부에서 순수한 힘이 작용하지 않는 한 물체의 운동 상태를 유지하려는 저항력으로 경영학의 전략분야에서 조직 이너시아를 설명하며 많이 나오는 개념이다.

조직이 변화하는 환경에 맞추어 변해야 하는데 과거부터 이어져 내려온 현재의 모습을 계속 유지하고자 하는, 그리고 변화를 거부하는 조직들을 설명할 때 사용하는 용어이다.

리더들도 마찬가지이다. 여태껏 그래 왔기 때문에 리더가 되는 순간 누가 시키지 않아도, 자기도 모르게 과거의 관습과 습성에 따라 행동하고, 자신이 괴물로 변하고 있는지, 괴물이 되었는지조차 인식하지 못한다. 과거에는 괴물이 아니었을지 몰라도 지금은 그 모습을 괴물이라고 한다.

그리고 자신에게 누군가 부정적 평가를 하면 거품 물고 난리를 친다.

"이게 누구 때문인데, 다 너네들 잘 되라고 그러는 건데...
내가 남들 하기 싫어하는 역할을 도맡아 하면서 희생하는 건데 그걸 모르고~!!"

아니다.

핑계이자 자기 욕심 때문이고, 자기 방어이며, 자기 기만과 스스로에 대한 정당화일 뿐이다.

상대방에 대한 인간으로서의 배려와 예의를 모르는 것이다.

리더십에서 가장 큰 문제는 이렇게 상대를 수단화하고 착취하는 이들이 자신의 행태를 인식하지 못하고, 인식하고 받아들일 의지도 없고, 설령 인식하더라도 그것이 리더십의 치명적인 결격 사유라는 생각 자체를 하지 못한다는 것이다.

앞서 현대사회의 다양한 챌린지에 성공적으로 대응하고 극복하는 리더십의 유형, 행동, 전략 등을 살펴보았다. 하지만 이런 리더십들을 배우기 전에 자신이 괴물의 함정에 빠져 있지는 않은지 먼저 돌아보아야 한다.

악성 리더는 말 그대로 조직을 죽이는 독소이자 암적 존재이다. 이들은 자기중심적 태도와 독단적 관리 방식으로 조직 내 공포 분위기를 조성할 뿐 아니라 구성원들에게 직접적인 위해를 가한다.

조직에 해가 되는 특성과 행동을 보이는 구성원들, 즉 썩은 사과의 부정적 효과bad apple effect보다 악성 리더들로 인해 발생하는 폐해는 이루 말할 수 없이 크다.

악성 리더의 존재는 팀, 사업부, 조직 모든 구성원들의 동기, 사기, 웰빙 및 모든 성과지표에 악영향을 미친다. 구성원이고 성과고 조직이고 결국 다 말아먹는다.

악성 리더의 대표적 특징

- 구성원들을 무시하고 착취의 도구로 여긴다.
- 일관성 없고, 자신의 이익 위주로, 비윤리적인 결정 패턴을 보인다.
- 독재적이며 구성원의 의견을 반항으로 간주한다.
- 권위주의에 집착하고 리더의 지위를 무기로 휘두른다.
- 마이크로 매니저micro manager로 군림하며, 모든 일에 간섭한다.
- 자기 능력에 대한 과잉확신으로 모든 결정은 자기 맘대로 하지만 잘못되면 바로 구성원에게 책임을 돌린다.

이러한 악성 리더의 특징들은 직장인 설문조사에서 '함께 일하고 싶지 않은 리더'의 특성과 일치한다.

더 보기

악성 리더십toxic leadership vs. 산소 리더십oxygen leadership

아직 산소 리더십이라는 이론은 없다. 공식적인 용어도 없다.
구글Google에서 조직의 산소 같은 역할을 하는 리더의 특성을 밝히기 위해 진행한 빅데이터 기반 프로젝트의 이름이 산소 프로젝트Oxygen Project이다.

구글이 찾은 산소 같은 리더의 8가지 특징은:

① 구성원들에 대한 코칭
② 마이크로 매니징이 아닌 권한 부여
③ 구성원들의 웰빙과 만족에 관심
④ 생산적, 결과 중심적 관리
⑤ 의사소통과 경청
⑥ 구성원들의 경력개발에 적극적
⑦ 명확한 비전과 이를 실행하기 위한 전략 제시
⑧ 본인의 핵심기술 역량을 바탕으로 한 리더십 발휘이다.

악성 리더의 여부는 간단한 리트머스 테스트로 알 수 있다.

구성원들이 리더를 부르는 호칭이 리더 앞에서와 리더가 없는 자리에서 얼마나 다른지 그 차이를 1점(차이없음)에서 10점(완전히 다름)까지 척도로 측정해보면 된다.

- 리더 앞: ○팀장님
- 리더 뒤: 우리 팀장
- 차이 2점
- OK!(초록불. 이상 없음!)

- 리더 앞: ○팀장님
- 리더 뒤: 그 미친 xx(혹은 xxx)
- 차이 8점
- 삐~~~~~(빨간불. 악성 리더!)

10점은 아예 이야기조차 하기 싫은, 내 입에 담고 싶지 않은, 떠올리기조차 싫은 '측정 불가' 수준이다. 이름만 들어도, 생각하기만 해도, 뒤통수만 봐도 기분 확 잡치는 경우이다.

괴물이 되지 않기 위해서는 자신을 객관적으로 관찰하고 평가하며, 스스로의 태도와 행동을 곱씹어 보고 반성할 줄 알아야 한다.

악성 리더의 유형

리더십은 개념 자체가 상당히 광범위하고 이론도 많다. 좋은 리더십과 마찬가지로 악성 리더의 특징도 다양하다. 그중 가장 대표적인 유형들을 알아보자.

비윤리적 리더십

1장에서 리더십 마스터하기의 첫 번째 조건으로 신뢰 구축을 다루었다. 신뢰 구축의 세 가지 필수 요소는 능력, 진실성, 자애로움이다. 이 중 능력이 부족하거나 자애롭지 못한 리더는 신뢰를 받지 못하지만, 진실성 있는 리더라면 적어도 '악성 리더'가 되지는 않는다. 진실성을 가지고 일관된 원칙을 지키는 리더라면, 설령 능력이 부족하고 따뜻함이 부족하더라도 모두에게 공정하게 대하기 때문에 '악질'은 되지 않는다.

그러나 리더로서 진실성을 잃어 원칙에 일관성이 없고 사리사욕을 위해 비리를 저지르고 비윤리적 결정을 강요한다면 악성 리더가 된다. 리더의 비윤리성은 구성원들에게 리더에 대한 불신, 상황에 대한 혼란, 그리고 미래에 대한 불안 등 부정적 정서 상태를 만들어 낸다.

그런 구성원들은 혼잣말self-talk을 하루에도 몇 번씩 속으로 되뇌이게 된다.

- 공금 유용인데 이 영수증 이거 이대로 처리해도 되나?
- 처리 안 해주면 개거품을 물고 달려들 텐데...
- 그냥 회사 돈이 네 돈이구나?
- 걸리면 지는 쏙 빠져나가고, 나만 덤터기 쓰는데...
- 지가 책임지긴 개~뿔!
- 널 믿느니 옆집 개를 믿겠다!

리더의 비윤리성을 경험한 구성원들이 생산적인 협업관계로 상호보완적 역할을 하며 고성과를 내는 것은 불가능하다. 살길을 찾기 위해 리더의 지시를 녹취하고, 모든 일의 절차를 일일이 서류화해서 증거를 남기는 비효율적인 일에 시간과 에너지를 쏟게 된다.

과대망상 나르시시즘

나르시시즘narcissism에 빠진 리더는 자기 능력에 대한 과잉확신으로 팀과 조식의 단체 성과보다는 자신의 이미지 관리와 자존감 충족에 집중한다.

나르시시즘에 빠진 리더는 자기중심적 사고와 과잉 자존감에

ChatGPT 이미지 생성

찌들어 있다.

이런 상황에서 구성원들은 관심, 공감, 인정, 존중 등의 긍정적 느낌을 받을 수 없고, 조직과 리더에게 착취당하고 있다는 생각을 가지게 된다.

리더 나르시시즘의 특징은:

- 자신의 능력과 성과를 과장하고,
- 조직에서 자신의 중요성에 대해 과대망상적 신념을 가지며,
- 구성원들이 자신의 우월성을 인정하고 치켜올려 주기를 바란다.
- 구성원들로부터 지속적인 관심과 칭찬을 원하며,
- 자아도취감을 만족시켜 주는 '예스맨'들로 둘러싸인다.
- 자신을 누릴 자격이 있는 존재로 믿기 때문에 구성원들이 자기에게 봉사하도록 강요한다.
- 자신의 탁월성을 부정하는 비판에 심히 민감하며,
- 건설적인 피드백조차도 인신공격으로 인식하여 방어적·적대적으로 대응하고,
- 자신의 아이디어가 언제나 우월하다고 믿고 구성원들의 기여와 아이디어를 무시한다.

더 보기

자기만의 세계에 사는 C팀장

"나만 믿어! Trust me!"

말뿐이 아니다.
저 문구를 책상 모니터 위에 떡 하니 붙여 놓았다.
×진상!

C팀장은 언제나 스스로 100% 옳다고 믿고 있다. 찐~ 진심으로!
그래서 반대 의견이라도 나오면 상당히 불쾌해 한다. 팀원들이 본인과 다른 비슷꾸리한 생각이라도 비추면 바로 깐죽거리고 비아냥대며 공격한다.

말발이 딸리면 우기고 소리 지르고 욕을 해서라도 자신이 옳다고 주장하고, 무조건 지가 맞다고 결론을 내야 직성이 풀린다. 그러고는, 마지막은 항상 "나만 믿어!"로 깔끔 마무리!

이 극단의 자아 도취는 팀 안에서 끝나는 것이 아니다. 우리 회사는 꽤 수직적인 문화를 가지고 있는데도, C팀장은 자신이 옳다고 믿으면 위아래 가리지 않고 들이받는다. 담당 임원에게도 소리 지르며 개기는 통에 전체 팀에 피해를 입히는가 하면, 협업 부서 팀장들과도 껄끄럽다. 모두들 그 드러운 성격을 아니 대충 유야무야 넘어가지만 참 난감하다.

극단적으로 자기중심적인 것만 빼면 C팀장은 사실 꽤 똑똑하고 성실하다. 기발한 아이디어로 성과를 내는 것도 사실이다. 그러나 리더의 역할에는 적합하지 않다. 팀장이 아닌 업무수행자independent contributor로 남기는 것이 조직에 더 도움이 된다. 불행히도 리더로서 심히 부적격한 이런 유형의 사람들이, 개인 능력에 의거해 리더 역할을 맡는 경우가 너무나 많다.

학대적 감독

악성 리더들이 보이는 대표적 행동 방식 중 하나는 학대적 감독abusive supervision이다. 학대적 감독이란 특정 개인이나 집단에 대한 과도한 감시와 강압적 통제를 뜻한다. 권력과 지위를 가지고 있는 자들이 약자들, 취약 집단을 쥐 잡듯 통제하면서 발생한다.

심한 형태의 마이크로 매니징이라고도 할 수 있는 학대적 감독은 사생활 침해뿐 아니라 개인의 자유를 정당한 이유 없이 제한하며 구성원들의 이직과 퇴직을 부추긴다. 학대적 감독의 교활한 점은 다른 곳으로 옮기기 쉽지 않은, 갈 곳이 없는, 막다른 골목에 몰린 이들에게 더욱 가혹해진다는 것이다. 선택의 여지가 없는 탈출구가 없는 사람들일수록 심각한 희생자가 된다. 학대적 감독은 권한 남용을 넘어선 비열하고 부당한 행위이다.

학대적 감독은 고용주나 관리자가 구성원의 업무시간과 업무방식까지 과도하게 감시하고 개인적 공간마저 침해하는 불합리하고 부당한 방식의 통제이다. 조직 내 지배권력 역학에서 탄생하는 이러한 구시대적 업무 지시와 통제는 현대사회의 특징에 기본적으로 부합하지 않을 뿐더러 실제로 조직에서 구성원들의 동기 및 사기 저하, 분위기 침체, 성과 저하, 이직률 상승 등 막대한 부작용들을 초래한다.

이와 같은 방식이 과거에는 암묵적 합의하에 이루어졌을지도 모르지만 사회가 바뀌었다. 요즘 젊은 세대들은 이유가 정당하지 않은, 자기 업무가 아닌 것에 대한 업무 지시에, 왜 자기가 이 업무를 해야 하는지에 대한 명확한 설명을 원한다. "이걸요? 제가요? 왜요?"라는 '삼요'로 일컬어지는 질문들을 통해 '내가 왜 이 업무를 해야 하는지'에 대한 확실한 근거를 요구하며, 내 영역이 아닌, 이유가 명확하지 않은 지시는 받아들이지 못한다. 상사가 시키는 일을 하더라도 이유

더 보기

L부장 이야기

학대적 감독은 비인도적 수준에 이르기도 한다.

구성원들 누구에게나 사연이 있고 아픔이 있다. 건드려서는 안 되는 역린이 있다. A직원에게는 혼자 모시고 사는 노모가 있었다. 그 때문에 일과가 끝나고 퇴근시간이 되면 빨리 귀가해 노모의 저녁을 챙기고 돌봐야 했다. 그러던 어느 날, 그날의 업무를 다 끝냈음에도 불구하고 L부장은 자기의 잔무가 있으니 팀원들에게 계속 기다리라고 강요한다. '상사보다 일찍 퇴근하는 경우는 없다'라는 통제의식과 권위주의.

A직원은 그렇게 마냥 가슴을 졸이며 2시간 넘게 속을 태우며 기다렸고, 집에 빨리 돌아가야 하는 사정을 L부장에게 이야기한다.

ChatGPT 이미지 생성

돌아온 것은 '그건 너의 개인적인 일이다. 구성원은 상사가 퇴근하기 전에 절대 퇴근할 수 없다'는 억지였다. L부장은 게임을 하면서 늑장까지 부리더니 3시간이 지나서야 뭉기적대며 여유롭게 퇴근을 한다. 결국 A직원은 다음날 사표를 냈다.

L부장에게 당한 건 A직원뿐이 아니다.

B직원의 아이가 아파서 응급실에서 밤을 새웠다. 입원 수속을 마치고 계속 상태를 지켜봐야 하니 오늘은 오전 출근이 어렵다고 L부장에게 연락을 했다.

L부장: "야! 지금 한창 정신 없는데 혼자 배 째겠다는 소리야? 다들 바빠! 옆에 사람 없다고 애xx가 죽는 것도 아니고, 지금 당장 나와!"

리더의 이런 행동으로 인해 구성원들은 정나미가 뚝 떨어졌고, 이곳 저곳 취업 사이트를 뒤지며 이식할 곳을 찾는다. 결국 갈 곳 없는 저성과자들만 남으며 조직은 죽어 간다.

는 알고 하겠다는 것. 상당히 합리적이다.

조직을 위한 맹목적 충성에 대한 기대는 백만 년 전 구시대에서나 있을 법한 옛날 이야기가 된 지 오래이다.

독재적 리더십

독재적 리더십autocratic leadership은 하급자들에 대한 권한을 바탕으로 구성원들의 자율성과 자기결정을 심하게 제한하는 형태의 리더 행위를 말한다.

모든 결정은 리더에 의해 강압적으로 이루어지고, 구성원들은 의견을 낼 기회조차 거의 없다.

구성원들이 입을 뻥끗하는 순간 독재적 리더는 눈이 뒤집어진다. 리더의 권위는 절대적이고, 리더와 구성원들 간 상호작용은 당연히 제한적이다. 독재적 리더십의 가장 중요한 특징은 구성원들의 반대 의견, 토 다는 것, 저항을 절대 용납하지 않는다는 것이다.

- 넌 나에게 무조건 복종해야 한다.
- 내가 시키는 대로 해라.
- 왜? 나는 옳고 너는 틀리니까.
- 팀원들에게 일방적으로 높은 수준의 성과를 강요하고,
- 성과가 기대에 미치지 못하면 자기 성질 못 이기고, 거품을 물면서 질타한다.
- 질타와 질책이 몇날 며칠 이어지고, 분위기는 싸늘해진다.
- 팀원을 죄인 취급한다.

더 보기

너무나 유명한 독재적 리더들

스티브 잡스Steve Jobs는 독재적인 리더십을 보여준 대표적인 인물로 언급된다.

애플Apple의 CEO로 일하면서 기업의 주요 의사결정을 통제했고, 치밀하고 비판적인 경영 방식으로 잘 알려져 있다.

세부적인 부분에서 완벽을 추구하는 성향이 강했고, 그에 따라 직원들에게도 높은 수준의 완벽함을 요구하며 압박했다. 기준에 못 미치면 공개적인 비하도 서슴지 않았다. 이로 인해 일부 직원들은 동기부여가 약화되고, 이직률이 높아지는 부작용이 발생하기도 했다. 애플은 큰 성공을 거두었지만, 잡스는 공감 능력이 부족하고 두려움을 기반으로 한 조직 문화를 만들었다는 비판도 받는다.

제프 베이조스Jeff Bezos 또한 유사한 리더십 스타일로 평가받는다. 그는 아마존Amazon의 운영에 사사건건 관여하는 마이크로 매니저로 잘 알려져 있다.

구성원들의 판단에 대해 수시로 의문을 제기하고, 조직 전반에 걸쳐 매우 높은 성과 기준을 설정해 이를 달성하도록 압박한다.

협의 없이 독단적으로 방향을 정하는 일방적인 리더십으로도 유명하다.

그 유명한 스티브 잡스나 제프 베이조스의 사례를 보면 독재적 리더십이 좋은 거 아닌가 하는 착각이 든다. 그러나 아주 유별난 두 사례만를 보고 독재적 리더십을 효과적인 리더십으로 판단하여 따라하겠다는 생각이 든다면, 이는 아주 작은 표본에 근거한 대표성representativeness이라는 인지적 오류cognitive bias에 빠지는 것이다. 달랑 두 개의 사례로 유의미한 결론을 내리기에는 표본 수가 너무 작다.

경영학에서 수행된 수백, 수천 명의 관리자들을 대상으로 한 연구들을 보면 전혀 다른 결론이 나온다. 리더와 구성원 간 권력 비대

칭성에 근거하여 구성원들에게 무조건적 복종을 요구하는 중앙 집중적인 권위적 통제는 구성원들의 업무 동기, 만족도, 직무 성과에 모두 부정적 영향을 준다. 구성원들은 리더가 그들의 관점과 능력을 무시하거나 평가절하한다고 느끼면 업무 노력과 업무 수행을 감소시켜 리더의 불신에 응답한다. 소심한 응징, 리더에 대한 복수...

결론은,

스티브 잡스가 있던 애플이나 제프 베이조스가 있던 아마존은 극히 예외적인 경우라는 것이다. 애플과 아마존의 성공은 이들이 발휘한 독재적, 권위적 리더십 때문이 아니라, 그런 **악성 리더십에도 '불구하고' 훌륭한 제품, 사업모델과 같은 다른 수많은 성공 요인들이 있었기에 가능했던 것이라고 설명하는 것이 타당하다.**

독재적 리더는 구성원들을 항상 저평가한다.

- 탐사하며 듣는 오류: 이런 거 맞지? 그치?
- 충고하며 듣는 오류: 원래 다~ 그런 거야.
- 해석하며 듣는 오류: 평소에 그 모양이니 실적이 그 따위지!

독재적 리더와 일하는 구성원들은:

- 의존성이 높아지고,
- 자기 표현에 소극적이고,
- 욕구불만이 쌓여 불평, 불만, 적대 행위, 파괴 행동을 보인다.
- 리더 부재 시 자발적 참여도는 당연히 후욱~~!! 급락한다.

소시오패스

마지막으로 조직에 흔하게 나타나는 악성 리더의 형태는 **소시오패스** sociopath이다. 소시오패스 성향을 가진 리더는 타인에 대한 인식과 공감력 부족으로 타인을 완전히 무시하며 자신의 목적을 추구한다. 임상적으로 **반사회적 성격 장애** Antisocial Personality Disorder, ASPD라고 불리는데, 사회 규범이나 다른 사람들의 권리에 대한 의식이 낮다.

소시오패스 리더들이 보이는 특징은:

- 구성원들의 감정과 필요를 이해하거나 배려하지 못하고,
- 구성원들에 대한 자신의 공격적이고 기만적 행위에 죄책감이나 후회를 느끼지 않으며,
- 충동적으로 행동하고,
- 사회적 규칙과 법률 및 윤리 기준에 대한 의식이 낮다.
- 구성원들과의 관계에서 전혀 책임감을 느끼지 않으며,
- 일이 뜻대로 되지 않으면 공격적이고 폭력적으로 행동하고,
- 구성원들과의 정서적 연결이 부족하여 의미 있는 관계를 유지하지 못한다.

소시오패스는 중증 정신질환자나 사이코패스처럼 직장에는 없을 것이라 생각하지만 그렇지 않다. 감성이 부족한 대신 지적 능력에 초점을 맞추고, 자신의 이익을 위해서 다른 사람들이 어떻게 되는 신경을 안 쓰고 밀어붙이는 특성이 강하다. 그러나 보니 성공한 인물들 중에는 오히려 소시오패스 성향을 가진 이들이 평균보다 많다고 알려져 있다.

더 보기

일론 머스크는 소시오패스?

그 유명한 독선으로 세계적으로 이름을 날린 페이팔paypal의 전신이 된 온라인 결제 서비스 회사 X.com의 창업자이자 테슬라Tesla의 CEO 일론 머스크Elon Musk.

그는 2022년 트위터Twitter를 인수한 후 수천 명에 달하는 직원들을 한 방에 해고한다. 그의 경영 방식에 반발해 퇴사한 직원들도 있었고, 부당 해고로 고소를 한 직원들도 있다. 그가 이끄는 테슬라와 스페이스 X 직원들도 미국 노동관계위원회에 고소장을 제출했다.

일론 머스크는 자신의 경영 방식에 반대하는 직원은 해고하겠다고 대놓고 협박을 한다.

- 임직원을 공개적으로 비난하고,
- '30초 안에 핵심만을 전달하라'고 강요하고 ,
- 새벽 2시에 문자를 보내고,
- 새벽 6시에 회의를 한다.
- 해고 위협을 하면서 철야 근무를 강요한다.

일부 경영진과 투자자들은 과잉 복지가 일반화된 실리콘밸리의 문화를 일론 머스크가 바꾸었다며, 그의 독단적 경영에 긍정적인 평가를 하고 찬사를 보내기도 하였다.

실리콘밸리에서 실력 있는 직원들의 이직 방지를 위해 다양한 복지 혜택을 제공하는 대신 "싫으면 나가"라고 대놓고 소리 지르는 머스크의 대담함?

2022년 일론 머스크는 미국의 유명 TV쇼에서 자신이 자폐증과 반사회적 장애의 중간 또는 혼합 형태인 **아스퍼거 증후군**Asperger syndrome을 가지고 있다고 밝힌 바 있다. 아스퍼거 증후군은 공감 및 관계 구축 능력 결여와 사교적 기술 결여 등의 특징을 보인다.

결국 일론 머스크도 사회성과 좋은 리더십의 결여에도 '불구하고' 세계 최고의 자리에 오른 지극히 예외적인 사례로 보아야 한다.

사실 이렇게 세계에서도 몇 안 되는 특이한 사례를 보면서 '보통 사람들'의 일반적인 리더십을 배우겠다는 것은 역설적이다. '못되게 굴어야 성공하는 것 아니야?'라는 엉뚱한 생각이 머릿속을 광속으로 스치기도 한다. 물론 죽을 때까지 유지할 수만 있다면 왕 노릇도 폭군처럼 하는 게 제맛인 법! 소시오패스 소리를 들어도 멋대로 살고 싶은 마음이 이해가 안 가는 것은 아니다.

권력과 지배 역학을 생각해 보면 상대방에 대한 의존도가 높을

아스퍼거 증후군 체크 리스트

자신이 리더십에 독이 되는 아스퍼거 증후군 증상을 가지고 있는지 테스트해 보자.

- 나는 평소 눈치가 없는 편이다.
- 나는 다른 사람이 느끼는 감정에 관심이 없다.
- 나는 다른 사람들을 별로 신경쓰지 않는다.
- 나는 남들을 배려하는 것에 관심이 없다.
- 내 관심사 이외에는 나는 다른 사람과 이야기할 주제가 없다.
- 나는 남들이 이해하기 어려운 비유적 표현을 자주 한다.
- 나는 농담과 진담을 잘 구분하지 못한다.
- 다른 사람의 상황은 내게 고려대상이 아니다.

수록 약한 쪽은 옴짝달싹하지 못한다. 매일 욕을 먹고 등짝 스매싱을 당해도 어린 아이들은 그런 부모 옆에 있을 수밖에 없고, 매일 모욕을 당하고 서류 더미가 내 얼굴에 쏟아져도 보통의 직장인들은 매달 통장에 찍히는 숫자를 거부할 수가 없다. **대안이 없으면 퇴사는 꿈도 꿀 수 없다.**

그러나 두려움과 위협, 강압과 협박을 기반으로 하는 '보통 사람들'의 리더십에는 한계가 있다. 쥐어짜기 방식으로 단기간에 실적을 올릴 수 있을지는 모르지만 구성원들은 리더를 신뢰하지 않을 것이고, 끊임없이 이직의 기회를 찾을 것이다. **불안과 공포감을 주는 리더는 구성원들로부터 두려움의 대상이 되고, 구성원들은 개성과 진취성을 잃고 책상에 앉아만 있는 인형이 되어 버린다.**

악성 리더의 폐해

앞서 살펴본 비윤리적, 독재적, 자기도취적, 소시오패스 성향의 리더가 학대적 감독을 할 때 발생하는 폐해를 정리해 보자.

학습된 무기력감에 따른 동기저하

괴물 리더의 악성 리더십은 **학습된 무기력**learned helplessness을 초래해 구성원들의 긍정적이고 적극적인 행동을 포기하게 한다. 악성 리더와 매일매일을 보내며 구성원들의 스트레스는 극대화되고, 리더와의 관계를 자신의 통제 범위 밖의 일로 단정짓는다. 그냥 시키면 시키는

더 보기

학습된 무기력

긍정심리학의 창시자인 마틴 셀리그먼Martin Seligman은 다음과 같은 실험을 통해 학습된 무기력에 대한 이론을 제시하였다.

실험 내용

24마리의 개를 세 집단으로 나눈 후 철창 우리에 가두고 전기 충격을 가했다.

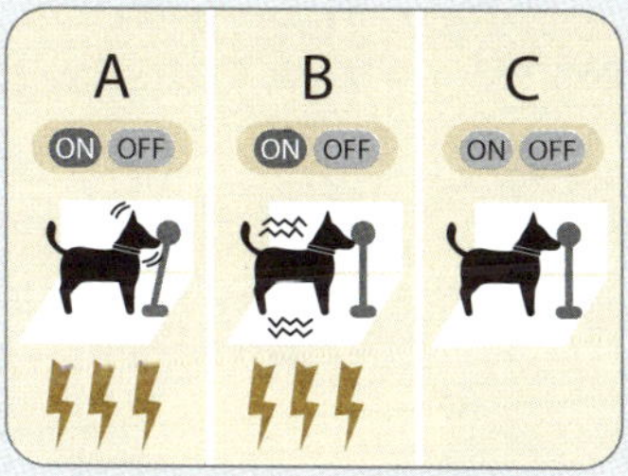

집단 A: 조작기를 누르면 전기 충격을 멈출 수 있도록 하였다.

집단 B: 개를 묶어 놓아서 아무 것도 할 수 없을 뿐더러 조작기를 눌러도 전기 충격을 멈출 수 없게 하였다.

집단 C: 가둬 두기만 하고 전기 충격을 가하지 않았다.

24시간 후 세 집단의 개들을 모두 다른 우리로 옮기고, 전기 충격을 가했다. 그러나 이번에는 철창이 아닌 낮은 울타리가 있는 우리에 넣어 마음만 먹으면 언제든 도망갈 수 있도록 하였다.

실험 결과

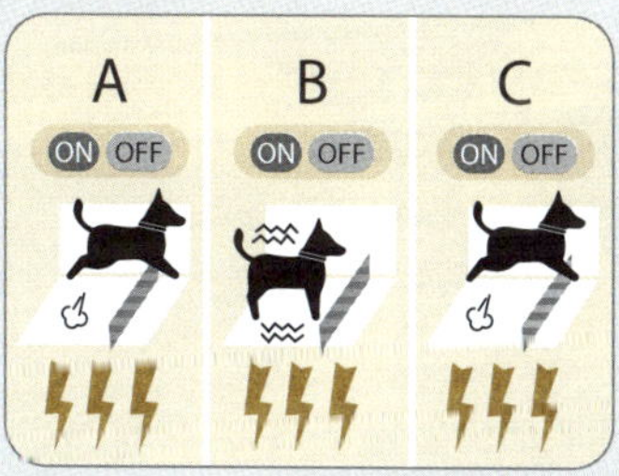

개들에게 전기 충격을 가하자 전기 충격을 멈출 수 있었던 집단 A의 개들과, 전기충격을 받지 않았던 집단 C의 개들은 잽싸게 울타리를 넘어 도망갔다.

그러나 전날 묶어 있었던 데다가 무슨 짓을 해도 전기 충격을 멈출 수 없었던 경험을 한 집단 B의 개들은 도망갈 생각도 하지 않고 모든 것을 포기한 채 구석에 웅크리고 앉아 전기 충격을 고

스란히 받고 있었다.

울타리만 넘으면 탈출할 수 있음에도, 과거에 경험한 무기력감이 학습되어 저항을 아예 포기한 것이다.

작은 인간이 거대한 코끼리를 길들이는 경우도 마찬가지다. 사람들은 코끼리를 길들여 타고 다니고, 운송수단으로 쓰고, 서커스에까지 이용한다. 그 거대한 코끼리를 어떻게 길들였을까?

아기 코끼리를 어리고 힘이 없을 때 튼튼한 말뚝에 묶어 놓는다. 아기 코끼리는 한동안 말뚝에서 벗어나기 위해 안간힘을 쓰지만 매번 실패하고, 그 실패의 경험은 마음속에 각인된다. 자신이 아무리 발버둥쳐도 벗어날 수 없다고 학습되는 것.

아기 코끼리는 자라나 어른 코끼리가 되어 말뚝을 뽑을 수 있는 힘이 생긴다. 그럼에도 불구하고 학습된 무기력감에 의해 여전히 탈출은 불가능하다고 생각한다. 발만 살짝 들어도 끊어질 말뚝을 뽑을 생각 자체를 하지 못하고 온순하고 말 잘 듣는 길들여진 코끼리로 평생을 산다.

사람도 마찬가지이다. 조직에서 악성 리더의 언어적인, 더 나아가 신체적인 폭행, 무례함, 분노 표출에 지속적으로 장기간 노출된 구성원들은 해당 리더와의 관계, 직장의 업무 환경을 자신의 통제 범위 밖에 있는 일이라 단정 짓는다. 자기가 어떻게 할 수 없는, 그저 당할 수밖에 없는 고정된 여건이라고 생각하며 운명론과 패배주의에 빠진다.

결국 구성원들은 매사에 무기력감을 느끼며 소극적이 되어, '깨지지 않을 만큼만' 적당히 눈치를 보면서 일을 한다. 눈치 보기에만 도사가 된 구성원들의 업무 몰입도, 집중도, 생산성이 높을 리 만무하다.

대로, 욕하면 욕하는 대로 현실을 수동적으로 받아들이는 좀비가 된다. 악성 리더가 만들어 낸 좀비 구성원들로 가득찬 조직에서 성과는 애저녁에 기대할 수도 없다.

조직 내 정보 차단과 왜곡

리더가 부정적 감정을 쏟아 내는 조직에서, 구성원들은 논리적으로 반박하는 대신 침묵을 택하는데 이를 **침묵 효과**mum effect라고 한다. '의사소통의 단절' 발생.

- 관계를 회피하고,
- 매사 무기력감을 느끼며,
- 소극적 행동을 보이고,
- 구태여 일을 만들어 욕 먹을 짓을 절대 하지 않는다.

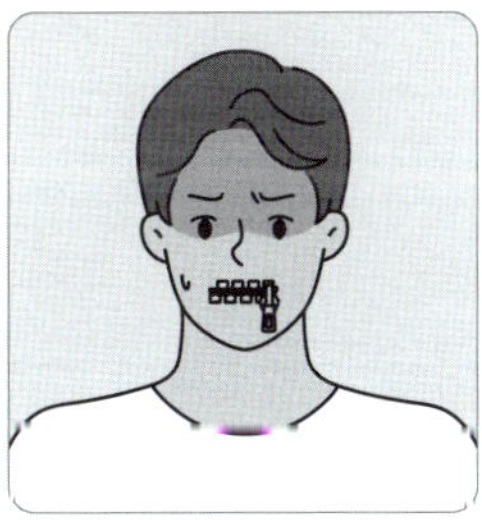

침묵 효과의 가장 부정적 결과는 아래에서 위로 정보가 올라갈 때 부정적 정보는 걸러지고 긍정적인 정보만 전달되는 현상이다. 리더가 화를 낼 것 같은 사항은 아예 보고를 하지 않는 것이다.

부정적 정서와 적대적 분위기 조성

악성 리더의 무례하고 거친 언행은 바이러스처럼 팀과 조직에 급속히 퍼진다. 1사분면 리더십을 설명하면서 언급한 바와 같이 리더는 직원들의 거울이다. 긍정적 감정이 공유되고 전염되는 것과 같이, 아니 어쩌면 훨씬 더 많이 그리고 더 심하게, 직원들은 자기도 의식하지 못하는 사이 리더의 부정적 언행과 감정표출을 따라한다.

미국 플로리다대학교 연구 팀이 대학원생 90명에게 무례함을 경험한 정도를 조사했다. 무례함을 자주 경험한 학생들은 타인에게 비슷한 언행을 많이 저지르는 것으로 나타났다. 피해자가 또 다른 피해자를 계속 만들면서 나쁜 바이러스를 퍼뜨리는 악순환이 발생하는 것이다.

경영학에서는 이를 리더의 폭포효과cascading effect라고 일컫는다. **무의식적으로 상사의 언행을 따라하고 그 가치를 내면화하는 사회화 과정**을 말한다. 부모에게 학대받으면서 자란 아이들은 그 부모의 행위에 대해, 그리고 자신이 받은 학대에 치를 떨면서도 막상 자기가 성인이 되면 같은 행위를 반복하는 확률이 높다고 한다.

어린 아이에게는 부모가, 학생에게는 선생님이, 사회 초년생에게는 리더가 그들이 마주하고 경험하는 세상이다. 그런데 그들이 늘 비윤리적으로 행동하고, 화를 내고, 강압적으로 통제한다면 어린 아이에게, 학생들에게, 사회 초년생들에게 세상은 너무나 무섭고 두려운 대상이 된다.

악성 리더 챌린지 극복 방안

구성원들과 더 나아가 팀과 조직에 다양한 병폐를 가져다 주는 악성 리더들, 괴물의 출현을 막기 위한 방안들에 대해 생각해 보자.

악성 리더의 자기인식

앞서 언급하였듯 악성 인간들이든 악성 리더들의 가장 큰 문제는 악하면 악할수록 자기들이 "악성", "독성"인지 깨닫지 못하고, 절대 인정하지 않는다는 것이다. 실수, 잘못, 부적합한 태도와 언행들. 이 모두를 본인이 먼저 받아들이고 인정해야 개선의 여지도 있다.

Executive MBA나 경영자과정의 리더십 개발 프로그램에 참여하면 리더십 진단을 받는다. 현재 상태와 바람직한 상태와의 차이를 고려하여 리더십 향상을 위한 개선 계획, 액션 플랜을 수립하게 되는데, 이때 보통 적용하는 방식은 360도 리더십 진단과 피드백이다. 본인은 물론 부하직원들, 동료 리더들, 상위 리더들, 고객 등 다양한 집단에서 리더십을 평가받는다.

평가 결과를 보면 대단히 쇼킹하다. 심각하게 결과표를 보기도 하고, 기가 막힌다고 화를 내기도 하고, 억울하고 분해서 눈물까지 비글기도 한다. 다른 사람 평가표랑 바뀐 거다, 데이터 코딩에 오류가 있었을 것이다라며 다시 확인해 달라고 요청하는 경우가 꽤 많다.

사실 리더들의 절대 다수가 결과를 인정하지 못한다. 본인이 생각하고 평가하는 스스로의 리더십과 다른 평가집단, 특히 직원들이 생각하는 리더십의 차이가 너무나도 크기 때문이다. 특히 악성 리더에 가까울수록 자신의 평가와 구성원들의 평가의 차이가 크고, 그 결과에 경악을 금치 못하고 분노를 표출한다.

"내가 지네들한테 어떻게 해줬는데?" (뭘 어떻게 해. 괴롭혔지...)

앞서 저성과자들의 성과 관리를 설명하며 언급한 더닝-크루거 효과(능력이 없는 사람일수록 자신을 과대평가하는 현상, 능력 부족으로 자신을 제대로 판단하지 못하는 현상)가 리더십 평가에도 나타난다. 특정 분야에 대한 객관적 능력이 낮은 리더가 오히려 주관적 자신감을 마구 발산하는 경우가 많다. "나만한 리더 있으면 나와 보라고 해!"

악성 리더일수록 자신의 리더십에 대한 긍정적 편향과 왜곡이 심하게 나타나는데 이는 악성 리더들이 구성원들로부터 평소 솔직한 피드백을 받을 기회가 특별히 더 적기 때문이다. 악성 리더와 일하는 조직의 구성원들은 부담스럽고, 근처에 가기 싫고, 후환이 두려워서 리더에게 입도 뻥긋하지 않는다. 반경 10미터 안에 '뜨면' 슬슬 피한다. 눈 가리고, 귀 막고, 입 닫고 사는 게 최선이다.

360도 평가에서 나타나는 본인-구성원 간 리더십 평가 차이도 실제보다 축소되었을 가능성이 크다. 구성원이 설문지에 80점으로 적어 낸다 해도, 속마음은 0점일 수 있다.

누가 설문에 참여했는지 리더가 추적해 보복할까 두려워 평가 점수를 후하게 줄 수 있기 때문이다. 예전에 기업 인터뷰를 하면서 기업이 당면한 문제점들에 대한 심층 인터뷰를 한 적이 있다. 다양한 이야기가 나오지만, 익명성을 보장했음에도 직원들은 상당히 조심스러운 태도를 보인다. 특히 리더에 대한 평가와 조직에 대한 부정적 이야기들은 최대한 자제하려 하고, 인터뷰가 끝난 후 따로 전화를 해서 리더 관련 발언을 지워 달라고 요청하는 경우도 있다.

악성 리더는 스스로 괴물이라는 것을 인식하고, 받아들이고, 깨달아야 괴물의 늪에서 빠져나올 수 있다. 처음이 어렵다.

더 보기

EMBA 수업에서 나온 웃픈 사례

EMBA 수업 중 사례 발표를 하는데 엄청 재미있는 그런데 웃을 수만은 없는 사례가 나왔다. 딸아이의 숙제를 보다가 충격을 받았다고 가져온 사례였다.

"(임금님의 명으로 달을 따 와야 하는) 불개는 이번에도 달을 가져오지 못했습니다. 실망한 불개를 위로하는 편지 글을 써보세요"

이 숙제에 대해 초등학생 딸이 쓴 글은:

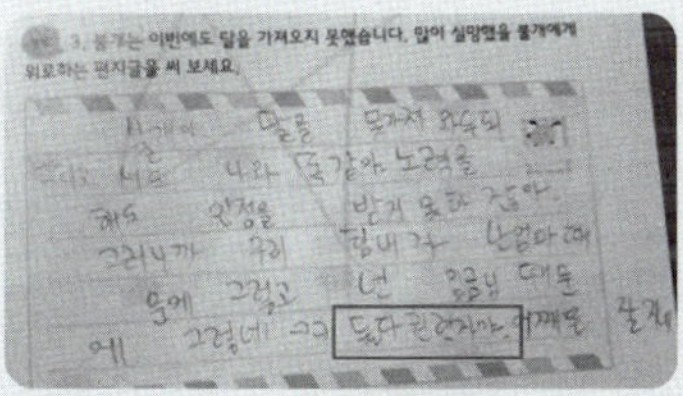

불개야,
달을 못가져와두 돼.
그리고 너도 나와 똑같아.

노력을 해도
인정을 받지 못하잖아.
그러니까 우리 힘내자.

난 엄마 때문에 그렇고,
넌 임금님 때문에 그렇네. ㅋㅋ
둘 다 권력자야.
어쨌든 잘 지내~

엄마는 생각지도 못했던 , 충격적인 자신의 모습을 발견한다. 어디서, 사실은 좀 전에 들어본 외침: "내가 너한테 어떻게 해줬는데?"

비슷한 이야기를 예전에도 들었던 기억이 난다. 선배 교수와 사담을 나누는데, 아이 숙제를 보다가 충격을 받았다는 것이다. 마찬가지로 숙제 노트에서 발견한 내용이다.

"우리 엄마는 마녀예요."

오래전 이야기라서 구체적인 숙제의 내용은 떠오르지 않지만 자기를 마녀라고 속마음을 써놓은 아이에 대해 그 동료 교수가 분노했던 것이 떠오른다.

아무리 리더십 교육을 하고, 좋은 리더가 되어야 한다고 말해도 현실에는 좋은 리더보다 나쁜 리더가 많다. 이 책 전체에 걸쳐 누누이 강조하지만, 가장 심각한 문제는 자신이 악성 리더, 독이 되는 리더인지 스스로 깨닫지 못한다는 것이다.

지속적인 리더십 진단과 코칭

모든 사람은 자신을 긍정적으로 평가하는 인지적 편향인 **자기 위주 편향**self-serving bias을 강하게 보인다. 특히 악성 리더에게서 이러한 성향이 강하게 나타난다. 이들은 항상 자신에게 유리하게만 해석하며 자기 편한 대로 팀원들을 사냥감 몰듯 몰아간다.

잘 되면 내 덕!
잘 안 되면?
당연히 네 탓이지!!

리더의 자기 위주 편향이 강할 때 구성원들의 삶은 괴롭다. 학습된 무기력감, 사기 저하, 정보 차단 및 왜곡, 팀과 조직의 독성 분위기까지 너무나도 많은 폐해가 생기는데, 이 모두를 감당해야 하는 것은 결국 구성원들이다.

구성원들은 최대한 외면하고, 참고, 누르고 버틴다. 그러나,

"그들이 보는 리더의 모습은 추하디 추한 괴물이다!!"

- 난 절대 괴물이 아니다!
- 내가 뭘?
- 이 정도면 훌륭하지!
- 이 정도면 정~말 잘해 주는 거다!

무조건 부정한다고 될 문제가 아니다.

"부정하면 부정할수록 당신은 더 추한 괴물이 된다."

- 자신의 추한 모습을 직시하고,
- 현실을 인정하고,
- 스스로의 추한 마음과 태도와 언행을 바꾸기로 결심하는 것

이것이 좋은 리더십으로 나아가기 위한 시작이다. 조직에서 악성 리더 문제를 해결할 수 있는 가장 좋은 방법은 다양한 방법으로

주기적으로, 그리고 불규칙하게 수시로 360도 진단과 코칭을 시행해서 이들이 스스로 변화를 꾀할 수 있도록 돕는 것이다.

매년 받는 건강검진처럼, 리더가 자신에게 벌어지는 일들을 인식하게끔 해주는 것이 필요하다. 이는 구성원 만족도 조사나 조직 문화 진단과 같은 맥락이다. 과거와 현재의 상태 및 진행 패턴에 대한 이해 없이는 변화와 개선을 위한 방향을 설정하고 노력하기 쉽지 않다. 건강검진을 통해 특정 신체 부위에 문제가 있고 위험 신호가 있다는 것을 알면 식단 조절, 운동 등을 통해 건강을 위해 노력한다. 그처럼 리더들도 자신의 문제점이 무엇인지, 그것이 얼마나 위험하고 심각한 상태인지 알아야 건강한 리더십을 위해 노력할 수 있다.

따라서 수시로 자신의 리더십에 대한 공식, 비공식 평가와 진단을 받고, 이를 바탕으로 자발적인 개선 노력과 함께 전문가의 코칭과 주변의 조언을 적극적으로 수용해 활용하는 자세가 중요하다.

리더와 구성원들 간 상호 이해와 상생

악성 리더라는 괴물의 늪에 빠지지 않기 위한 노력, 이미 빠졌다면 빠져나오기 위한 치열한 노력은 '좋은 리더'를 넘어, 아니 '진짜 리더'가 되기 위해 반드시 필요한, 리더가 해야 할 일이다.

"스스로를 기만하는 편한 거짓말 대신 불편한 진실을 받아들이자."

조직과 주변의 도움을 적극적으로 받아들이고 노력하면 변화는

가능하다.

‘푸른 초원 증후군’: 멀리서 보면 푸르고 무성한 잔디로 보이지만, 가까이서 보면 잡초와 듬성듬성 병든 잔디가 보인다. 멀리서 보았기에 좋아 보였던 것뿐이다.

푸른 초원 증후군은 대부분의 구성원이 겪는 증상이다. 자기 상사는 나쁘고, 다른 상사는 좋을 것이라고 믿는 일종의 환상으로, 이 인간만 아니면 누구하고도 일할 수 있을 것 같다.

이직을 하면 나아질까 기대하지만 다른 직장의 상사들도 나 저기서 거기라는 것이 현실이다. 세상에 완벽한 사람이 없듯, 완벽한 리더도 없다. 직원들도 관점을 넓히고 리더의 어려운 입장을 고려하여 적극 협조하고 도와주고자 하는 마음과 태도 그리고 행동이 필요하다.

그러나, 그럼에도 불구하고,
이 모든 과정을 주도하고 변화시킬 수 있는 것이 리더이며, 그렇게 해야만 하는 것이 리더의 역할이다. 이 책에서 제시한 일곱 가지 챌린지에 적극적으로 대응하고 성공적으로 극복하는 리더는 조직과 팀, 그리고 구성원들 전체는 물론 스스로에게도 가장 큰 선물이 될 것이다. 요즘 직장인들 사이에 회자되는 최복동(최고의 복지는 동료)과 같은 맥락에서, 어쩌면 보다 중요하게,

“직원들에게 최고의 복지는 좋은 리더이다!”

에필로그

리더십? 너무 편한 방법이 있다.

"뭐, 그래서, 어쩌라고, 닥쳐! 시키는 대로나 해!"

그런데, 이 편한 길을 두고

- 능력을 키우고, 자애로움과 진실성을 통해 신뢰를 구축하고,
- 리더로서 목표 설정과 방향을 함께 제시하며, 피드백을 통해 성과를 달성할 수 있게 도와주고,
- VUCA시대에 맞추어 VUCA리더십을 발휘하고,
- 구성원들에게 에너지를 주기 위해 1사분면 리더십을 발휘하며 분위기 메이커가 되고,
- 시너지 창출을 하겠다고 구성원들의 마음과 입을 열게 해 심기에 거슬리는 이야기도 듣고,
- 나와 다른 Z세대에 맞추겠다고 눈높이형 넛지 리더십을 발휘하고,
- 괴물 되면 안 된다고 끊임없이 나를 진단하고 평가하고 바꾸고.

피곤해도 너~무 피곤하다. 나 혼자 살기도 버거운 세상에 나한테 너무나 많은 것을 요구한다. 그러다 보니 그 무게를 회피하고자

하는 성향이 짙어지며 오늘날 새로이 등장한 현상이 바로 리더기피증, **리더포비아**leader phobia 이다.

- "나 안 해~!! 못 해!!"
- 하라는 건 디~게 많고,
- 하지 말라는 것도 디~게 많고,
- 무슨 상전들을 모시는 것도 아니고~~~!!!
- 나이 먹어 기운도 딸리는 구만 뭐 이렇게 하라는 게 많아~~!!
- 배~째~~~~~~~~~~~!!

리더가 되면 책임도 많아지고, 희생도 해야 하고, 신경도 써야 하고, 자격이니, 품격이니~

골치 아파 못 해 먹겠다!

업무 전문성을 우선시하는 개발자 직군을 중심으로 직장인들 사이에서는 리더 직책을 기피하는 현상이 이미 일반화된 지 오래다. 관리자 업무를 몇 년 하다 보면 자기만의 전문 역량은 떨어지고 나중에는 쉽게 이직하지도 못한다. 흔히 말하는 '고목'이 되어 버린다. 마음대로 움직이지도 못하고 서서히 말라 가는 슬픈 운명.

물론 20세기 최고의 경영자로 칭송받는 GE의 잭 웰치Jack Welch 회장이 언급하듯 "리더가 되기 전에는 나의 성장, 리더가 된 후에는 남의 성장이 성공"일지 모르겠다. 그러나 오늘날 한국 기업 상황에서 리더에 대한 환상을 품기에는 당장 내 코가 석 자다.

- 사회 체계는 더 공정하고 투명해지고,
- 환경은 더 복잡해져서 요구하는 것도 많고,
- 책임은 더 많아지는데 권한은 없어지고,
- 욕은 엄청 먹고,
- 그렇다고 수당이 훅 오르는 것도 아니고,

"내가 이걸 굳이 왜 해야 하지??"

ChatGPT 이미지 생성

경영자 교육 과정에 오신 분들도 비슷한 어려움을 호소한다.

"리더로 태어난 것도 아닌데 어느 날 갑자기 부서장으로서 리더십을 발휘하라고 하니... 거기다 저도 받아본 적이 없는 부하 육성, 코칭까지 책임지라고 하다니. 이거 회사가 너무하는 거 아닌가요? 저도 힘든데 어디 가서 얘기할 데도 없고... 저도 외로워요!!"

상황이 이렇다 보니 회사에 대한 원망과 한탄이 새어 나온다.

"리더가 되느니 속 편하게 은퇴할 때까지 팀원으로 살련다."

"요즘 세상에 리더는 절대 사람이 할 짓이 아니다."

이런 게 많은 직장인들의 솔직한 속마음이 아닐까?

사실 현실적으로 공감이 가는 부분이다. 거의 자동적 권위부여에 따라 매우 순종적인 직원들을 부담 없이 혼내기도 하고 내키는 대로 회식 시간과 메뉴를 당일 통보해도 군말 없이 따라오던 시절이 바로 얼마 전이다. 한강의 기적이라고도 불리는 세계 초유의 초고속 경제성장을 이뤘던 것처럼 최근에는 조직의 운영 방식과 구성원들의 태도와 가치관에서 초고속 변화가 진행되고 있다. 자신이 신입 혹은 주니어였던 얼마되지 않은 과거(아, 그리운 라떼는 말이야...)와 너무나 달라진 현재(이 나나랜드에서 온 사차원 종족들...)와의 크나큰 간극은 한국 조직의 대부분 리더들에게 큰 부담이 되고 리더라는 직책 자체를 거부하게 만든다.

롤모델이 되는, 구성원들의 열정을 북돋우는 좋은 리더에 대해서 이야기하고자 이 책을 썼지만, 리더들의 동기부여는 어떻게 해야 할지 현대를 살아가는 모든 조직들이 심각하게 고민해야 할 부분이다. 그래서, 훌륭한 리더들에게 진심으로 감사하는 마음을 가져야 한다. 이런 좋은 리더들이 멸종 동물이 되지 않도록 모두가 함께 노력해야 하는 시기이다. 이 책에서 제시한 리더에 대한 일곱 가지 도전과 이를 극복하기 위한 리더십을 발휘하는 것이 이러한 노력의 튼튼한 기초가 되기를 바란다.

참고문헌

나무위키
네이버지식백과
위키백과

매슈 사이드(2022). 『다이버시티 파워』. 위즈덤하우스.
박혁종(2023). 『시키지 마라, 하게 하라』. 시대인
올리비에 시보니(2021). 『선택 설계자들』. 인플루엔셜.
임창현(2024). 『정답없는 세상에서 리더로 살아가기』. 파지트.

Barsade, S. G.(2002). The ripple effect: Emotional contagion and its influence on group behavior. *Administrative Science Quarterly*, 8-25.

Barsade, S. G., Coutifaris, G.V., & Pillemer, J.(2018). Emotional contagion in organizational life. *Research in Organizational Behavior*, 147-148

Baumeister, R. F., Bratslavsky, E., Finkenauer, C., & Vohs, K. D.(2001). Bad is stronger than good. *Review of General Psychology*, 323-325.

Cropanzano, R., Dasborough, M. T., & Weiss, H. M.(2017). Affective events and the development of leader-member exchange. *Academy of Management Review*, 42, 233-258.

Kelly, R., Lannone, E., & McCarty, K.(2015). Emotional contagion of anger is automatic: Anevolutionary explanation. *British psychological society*, 187-189.

Kim, H. J.(2024). The industrious geek who flaunted ambition, showed vulnerability reversing leadership trends. *Donga Business Review*.

Madeline, L.(2013). *Onboarding 2013: A new look at new hires*. Aberdeen Group.

Schwarzmüller, Tanja & Brosi, Prisca & Welpe, Isabell.(2018). Sparking anger and anxiety: Why intense leader anger displays trigger both more *deviance* and higher work effort in followers. *Journal of Business and Psychology*. *33*, 1-17.

Sekiguchi, T., & De Cuyper, N.(2023). Addressing new leadership challenges in a rapidly changing world. *Applied Psychology*, *72*, 1741–1750.

Silard, A., & Dasborough, M. T.(2021). Beyond emotion valence and arousal: A new focus on the target of leader emotion expression within leader–member dyads. *Journal of Organizational Behavior*, *42*, 1186–1201.

MBO https://news.incruit.com/news/newsview.asp?newsno=436730

OKR https://www.leaneast.com/setting-objectives

VUCA https://brunch.co.kr/@healtheworldpd/121

VUCA시대 리더십 https://t2informatik.de/en/smartpedia/vuca/

알프레드 슬론 주니어 https://hong30.tistory.com/entry/서평-나의-GM-시절-My-years-with-General-Motors-앨프리드-P-슬론-2세

가면증후군 https://www.maum-sopoong.or.kr/infor_story/51095

가면증후군증상 https://www.vogue.co.kr/2018/05/29/나탈리-포트만이-고백한-가면-증후군-혹시-나도

감정전염 https://blog.naver.com/businessinsight/221257186862

긍정적 감정전염 https://www.mk.co.kr/news/society/7284249

넛지 https://whatfix.com/blog/nudge-theory/

노예화 https://blog.naver.com/goatmxhf123/222835895589

독재적 리더 https://ahaslides.com/ko/blog/autocratic-leadership/

리더기피증 https://hrdlearningspoons.com/blog/hrd/leadership/

리더의 긍정적 에너지 https://m.blog.naver.com/businessinsight/221250661547

리더의 모습 https://blog.clap.company/leadership_dahye/

리더의 분노표출 https://blog.naver.com/businessinsight/221257186862

리더포비아 https://www.mk.co.kr/news/society/8053740

마이크로매니지먼트 https://wefundingceo.medium.com/마이크로-매니징-mm-에-대해-e623fde29e46

머스크 독단경영 https://news.sbs.co.kr/news/endPage.do?news_id=N1007526046

머스크식 경영 https://www.etoday.co.kr/news/view/2195242

생텍쥐페리 https://blog.naver.com/ljw5779/220163593224

솔로몬 애쉬 https://www.youtube.com/watch?v=tKUp2EdmPXg
솔로몬 애쉬의 동조 실험 https://psy101.tistory.com/3
아스퍼거 증후군 https://m.ppomppu.co.kr/new/bbs_view.php?id=humor&no=570620
예지력의 본질 https://www.stepi.re.kr/site/csfko/03/10301010000002021012216.jsp
정서사건이론 https://ko.wikipedia.org/wiki/정서사건이론
집단사고 http://m.viva100.com/view.php?key=20230529010008451
카네기 이론 https://m.blog.naver.com/hp811/221273960109
피그만 침공 https://www.youtube.com/watch?v=2Ecf0vcmJY0
학습된 무력감 https://blog.naver.com/businessinsight/221257186862
행동전염 https://www.mk.co.kr/news/society/7284249

저자 소개

최진남

서울대학교 경영대학 교수. 서울대학교에서 조직심리학 학사와 석사, 미국 미시간대학교에서 조직심리학 박사 학위를 취득했다. 캐나다 맥길대학교 경영대학에서 조교수로 6년간 재직했고, 2007년부터 서울대학교 경영대학 인사조직 분야 교수로 재직 중이다. 조직행동·인적자원관리 분야에서 한국을 대표하는 학자로 인정받으며 한국경영학회 중견경영학자상, 한국갤럽학술논문상 최우수상, 서울대학교 학술연구상 등 다수의 수상 경력이 있다. 학술적 연구와 더불어 경영학 이론을 한국 경영 현장에 실제 적용한 수많은 사례를 기반으로 경영 이야기를 생동감 있게 전하는 '스마트 경영 시리즈(2019년 스마트 경영학(1st Edition); 2021년 스마트 조직행동; 2023년 스마트 경영학(2nd Edition); 2024년 스마트 인적자원관리)'를 발간하며 대학생들과 MBA학생들, 그리고 EMBA 및 조직 실무자들에게 경영학 지식을 보다 현장감 있게 전달하기 위한 노력을 기울이고 있다.

성선영

중국 난징대학교 경영대학 교수. 서울대학교에서 국제경영·전략 전공으로 경영학 석사와 박사 학위를 취득하고, 2013년 난징대학교 경영대학 최초의 외국인 교수로 임용되어 현재 인적자원관리 분야 교수로 재직 중이다. 난징대학교 최우수 강의상(Best Teaching Award), 난징대학교 경영대학 우수 교과목상(Excellent Course Award), 우수 강의상(Excellent Teaching Award) 등 교육 관련 다수의 수상 경력이 있다. 국외 연구 및 강의와 더불어 경영학 이론을 한국 경영 현장에에 실제 적용한 수많은 사례를 기반으로 경영 이야기를 생동감 있게 전하는 '스마트 경영 시리즈(2019년 스마트 경영학(1st Edition); 2021년 스마트 조직행동; 2023년 스마트 경영학(2nd Edition); 2024년 스마트 인적자원관리)'를 발간하며 대학생들과 MBA학생들, 그리고 EMBA 및 조직 실무자들에게 경영학 지식을 보다 현장감 있게 전달하기 위한 노력을 기울이고 있다.